祂把我們從
約束和壓制中釋放出來，
將我們的受苦與祂的結合，
在易受傷害的共性中建立聯繫，
把甚至能赦免仇敵的愛
賜給我們，
以及讓我們在內心的隱蔽處看到神。

~盧雲~

靈修著作精選

盧雲系列

生命中的耶穌

給年輕人的信

盧雲著／堵建偉譯

基道出版社

▼

靈修著作精選 • 盧雲系列

生命中的耶穌

給年輕人的信

Letters to Marc about Jesus

作者
盧雲 Henri J.M. Nouwen

譯者
堵建華

責任編輯
郭詠儀

裝幀設計
胡立強

■

出版／發行
基道出版社
香港沙田火炭坳背灣街 26 號富騰工業中心 1011 室
LOGOS PUBLISHERS
Unit 1011, Fo Tan Ind. Centre, 26 Au Pui Wan St., Shatin, Hong Kong
電話：(852) 2687-0331 傳真：(852) 2687-0281
網址：http://www.logos.com.hk

承印
陽光印刷製本廠

●

3/1993 初版 7/1994 二版 5/1998 三版 9/2002 四版
Cat. No. LP721-4B
ISBN-10: 962-457-050-7
ISBN-13: 978-962-457-050-2
Original Edition "Letters to Marc about Jesus"
Published by arrangement with HaperCollins Publlishers, Inc.

刷次	13	12	11	10	9	8	7	6	5	4
年份	2025	2024	2023	2022	2021	2020	2019	2018	2017	2016

目錄

前言 i

書信一
耶穌：我們存在的心 1

書信二
耶穌：釋放的神 13

書信三
耶穌：憐憫的神 33

書信四
耶穌：降卑的神 59

書信五
耶穌：慈愛的神 81

書信六
耶穌：隱藏的神 105

書信七
聆聽耶穌 127

盧雲系列

前言

盧雲系列

數年前，我一個出版界朋友培費思(Herman Pijfers)問我：「你何不試一次用荷蘭文寫一本書？」我那時的答案是：「我已在美國住了那麼久，而又很少在自己的國家，我已不能淸楚感受到荷蘭的精神面貌了，也不能爲此說些甚麼。」培費思所作的回應是：「即使這樣，就寫些書信吧。根據你個人的狀況，寫給一個你眞的想傳遞有關屬靈生命信息的荷蘭人吧。」就是這簡單但誘人的提議觸發這些給馬克(Marc van Campen)的書信。

馬克是我妹妹的兒子，現在十九歲。當我問他想不想分擔這部有關屬靈生命「書信集」的寫作任務時，他表現得十分熱中並答應全力合作。自此，我要一段時間後才能騰出一點安靜的時間開始寫作。但當我寫的時候，最後靜心下來，寫信給馬克竟成爲我靈感的泉源，寫信便像行雲流水般暢順自然。

回頭看來，這並不是一些値得出版的書信。寫這些信時，我早已有出版的意念。我強調這點是因爲它解釋了這些書信的形式和語氣。起初，雖然這些書信當然是寫給馬克的，我心目中卻有一班比他年紀和教育都更廣闊的讀者羣，可能這便令「書信體」的形式常常被忽略。但若沒有像馬克一樣感興趣和批判性的收信人，這些書信仍然不會寫成。由始至終，他是我注意力的中心。

在寫作的過程中，我開始發覺，我所做的，不單是告訴馬克我對耶穌和我們存在的意義的看法，並且是爲自己重新發現耶穌和自我存在的意義。我開始寫信時，沒有確實的意念應怎樣寫屬靈的生命。我常常驚異我身處的地方、世界正發生的事和我所遇到的人，都啓發我有新的思想和角度。這些書信便成爲我想給馬克和其他人解釋的靈程「日誌」。雖然我開初的意思是寫些有用的東西給馬克，卻很快便證明，我主要是想把對自己的發現所感到的熱心，傳遞給他。這些書信首先見證的，是我個人對信仰生活的態度。馬克他自己也在這精神中接收和重視這些書信。

我原初的計劃是將馬克的反應也記錄下來的，但我後來放棄這念頭。因爲他的回應往往是要求更多解釋，這於我在修改內文時有更大的幫助，能使內文更加一致和清晰。

我特別爲了培費思和馬克在這書中參與的部分感謝他們。沒有他們，這本書決不能面世。我也想多謝布曼太太（ B. van Breemen) 在文書上的協助，多謝曾勝士 (Pieter Janssens) 和施德玲 (Margreet Stelling) 在文體上的修改潤飾，並且多謝蔡古 (Lieven Sercu) 在編輯工作上對我莫大的幫助。

正在尋問屬靈生命是甚麼意思的人，我衷心盼望這書對他們有點幫助。

書信一

耶穌：我們存在的心

一九八六年二月十一日（禮拜二）

親愛的馬克：

至今，我終於有時間寫信給你了。我答應過寫一些有關屬靈生命的信給你，從那時起，大概已有年多了。在這十二個月中，你常常提醒我曾許下的承諾。「你那些書信要到哪時才到哩？」要把想寫的正正式式地記下來，看來是一件難事，因爲每每都有更迫切的事情要處理。無論怎樣，倘若我讓自己的生命被迫切的事所接管，我可永不會有時間處理眞正重要的事。人實在太容易受迫切的事情佔據著，因而耗費了一生，卻從未開始去活過，眞眞正正地活這一生。

但寫信給你是否就是那麼必須的呢？照慣常的意思來說，這當然不是的。即使我沒有寫信給你，你還有雙親、一個可愛的妹妹、一個很照顧你的哥哥、一個溫暖的家、有美好的食用、一所愜意的學校和衆多的娛樂。家人對你照顧入微，你有健康的體魄，也很聰明。只有十八歲，你便已親眼看過世界不少的地方：法國、德國、瑞士、意大利和美國。你也有多方面的嗜好：集郵、攝錄電影、聽古典和現代音樂、欣賞埃及的藝術，還有很多說也說不完的嗜好。你不單求知欲强，還十分有天賦的本領，很少事情是你做不到的，也沒有甚麼是你不能通曉的。那麼，你爲甚麼還要我的來信？

當我們一起談到這些書信時，你說眞的需要它們。我想你有這需要，部分原因是你曾在美國逗留過一段時間。你在新罕布什爾州(New Hampshire)的首府康科德市(Concord)參加夏季課程時，遇見很多與你一樣聰明的年青男女，他們十分認眞地關注他們生命中的信仰，這便在你心中引發了一些問題。你撫心自問：「我眞正相信的是甚麼？教會在我生命裏佔甚麼角色？對我來說，基督是誰？聖餐對我有意思嗎？」所有這些問題差不多混在一起，糾纏不清了；然而很明顯的，是你內裏已開發了一片新領域，需要你的注意。你或許可以說，差不多去年的時候，你內心產生一種新的需要，是要從你所擁有的每一樣東西和所做的每一件事中，尋找你生命的目標和意義。

你自己知道，若你保持健康，若一切順利，若沒有戰爭等等，你要成爲一個成功的律師或長袖善舞的商人，不會是太難的事。我可沒有忘記你在波士頓對我說，你遲一些時間便會到美國來建基立業。當我提醒你有很多人想這樣做都失敗了，你卻帶著一股無比的自信，道：「聰明的人決不會如此！」故此，你明顯的並不憂慮你未來的財政狀況。然而，你仍在問自己：「即使我有相當的成就，那又如何？」

事實上，可能因著你對自我的肯定，才認認眞眞地提出一連串的問題：你的生命有何意義？很多的人，要費多大的工夫，才能克服他們的自卑心理；然而，他們並不常觸及存在有何目的這問題。他們只有在出於恐懼的情況下，才曉得這樣問。

而你決不是這樣。於你看來，那問題有不同的意義，因爲平常人非常著緊的很多問題，對你並不是甚麼一回事。你總是順利完成你的功課，並且得到很高的分數；你精於運動，又有好朋友和多方面的興趣；每一件事在你看來都是輕而易舉的。我想可能因爲這樣，你才有時間和空間去想一些同學覺得是無關痛癢的問題。你在美國生活的經驗，可使你更有信心直接地提出這些問題，甚至不介意你的朋友會怎樣想。這樣看來，你對自我的肯定，對你屬靈生命的成長，會是一個優點。當然，我們在這些書信裏必定要談的，就是屬靈生命。此刻，若你開始面對影響你生命意義的問題，你決不可用一種純粹理性的進路，因爲你生命的意義影響著你整個人。它不單關係著你的所思所想；它甚至關係著你如何成爲一個人，並你和其他一切事物的聯繫。

在靈裏活著超越了在肉身、理智或感情中活著。在靈裏活著包含著這一切，並且比之更廣、更深，也更闊。這樣的生命是你人性的核心。人可以有一健全的、感情豐富的和「理智」(Sensible)的生活，但這不一定是個屬靈的人。換言之，人對自己生存的意義和目標所在的領域，可以沒有絲毫的認識或親身的體驗。

屬靈的生命著實與「存在的心」緊扣一起。我發覺「心」這個字十分深邃。我所指的，不是相對於我們思想所在的情感位置。「心」是指我們整個人的中心，我們最屬自己、最人性和最眞實的地方。這樣說來，心就是屬靈生命的焦點。這點我會稍後才詳談，現今我只希望你開始熟悉「心」這個字，因爲對我來說，在屬靈生命中這是一個何等重要的字。有些時候我想用「心的生命」代替「屬靈生命」，但卻感到有點感情用事，故此我還是跟隨較爲傳統的「屬靈」這個字眼。總之，你明白「屬靈」並不表示與身體、情感和理智方面相反便行了。對於「屬靈」(spiritual)這個詞，我至今還沒有找到一個貼切的相反詞。所謂「不屬靈」(un-spiritual)是指較表面的，不影響我們存在的核心，它屬於存在的外緣地方，而非指其核心。

對「屬靈生命」的討論，可以循很多的脈絡；佛教徒、印度教徒和回教徒都過著屬靈的生命。甚至有些認爲自己不是宗教信徒的，也可以擁有深摯的屬靈生命。然而，我現在寫信與你談論屬靈生命，是以一個身處天主教傳統中的基督徒身分來說的。就我這個身分來說，我所認識的屬靈生命，在某程度上只能從內在來了解。所以，我只想就我自己所體驗過、所僅僅經煉過的來寫。

我想你嘗嘗一個基督徒生命的豐盈之處，好像我所了解的、所體會的，並繼續發掘的一樣。我眞眞覺得我有些十分要緊的東西告訴你。能夠這樣告訴你，我感到十分高興。在願意傾聽的人面前，陳明我看爲最寶貴的事情，並且這人本身也預備投入其中，我想這是一樁美事。

你也知道，我比你年長三十六年。我還像你那麼大的時候，正在海牙的阿諾伊修斯書院 (Aloysius College) 念書。那時我發覺念書有困難，比你現在困難得多。我是一個熱心的童子軍，後來更成爲童軍領袖。你或會覺得難以想像。我那時常常參加每日的彌撒，並且是一個勤奮的輔祭（註：在天主教彌撒中協助聖職人員的男童）。在這一方面，我們的背景不同。我和其他預備做神職人員的同學同屬一個小組，致力於自我省察，並對祈禱作許多的討論。現今這些東西對你必定是十分陌生的了。無論那個時代和現今的差別有多麼大，屬靈生命的問題還是適切的。我和你的分別，在於你現在沒有我那時所有的支持吧。你必須獨個兒面對這問題，且要靠自己竭力探求。但這問題不是強加於你身上的，於我來說，這是終生都在貫注關心的事情。

當我在一九五七年被按立爲神父時，我或會以爲我知道怎樣才是過屬靈的生活。若這就是我當時所想的，我肯定現今並不是那樣想了。我在耐美根(Nijmegen)對心理學的研究，並在荷蘭、美國和拉丁美洲的教學生涯，教曉了我：提出有關屬靈生命的問題，所導致的，是一種新的生活方式，過於一種新的思考方法。這些問題必須在生活中體會，而不是在頭腦上發展出來的。我自己曾透過不同方式體驗它——透過天主教徒和新教徒，透過基督徒和人文主義者，透過激烈的革命分子和傳統的愛國者，透過憤怒的和逆來順受的，透過富有的和赤貧的，並透過健康的和患病的。日復一日、年復一年，我體會了一些嶄新的東西，並發現還有更多更多要待我去體驗。

在我尋索中的每一階段，我也發現，耶穌就站在我尋索的中間。若你直截了當地問我：「對你來說，過屬靈的生活是甚麼意思？」我會這樣回答：「以耶穌為中心來活！」

事實上，常常有數之不盡的問題、討論和困難，需要人的專注。縱使如此，回顧我生命過去三十餘載，我可以說，這個耶穌於我愈來愈重要。明確地說，認識耶穌並與祂契合地生活便漸漸顯得重要。我曾經有一個時期，亟亟沈溺於教會和社會的問題中，致使我整個生命活像一種無休止和疲憊的討論。我把耶穌也置諸不理，或讓祂成為另一個問題罷了。幸好情況並沒有持續下去，可以說是耶穌很快又走到我面前，問我：「至於你，你說我是誰？」這問題對我是更清楚不過了，我與耶穌的個人關係，正是我「存在的心」。

耶穌，就是我在這些書信中要寫給你的，過於其他任何事物；我更希望以親身的體驗來與你分享。我不想像講學般教授耶穌給你認識，只想根據我所認識的來介紹祂。這並非要迴避你我所提出有關宗教、教會、現代生活、戰爭與和平、貧窮和富裕等問題；但我想將這些問題都放在另一個問題下：「耶穌於你、於我是誰？」故此，我想做的，是從我的信念「耶穌是我存在的心」開始，在這基礎上來概覽我們身處的世界。這樣，這些書信更能助我深化個人作爲基督徒的體會，從而預備自己迎接復活節來臨。還有四十多天，這復活節便來臨。

我眞的希望從這封信開始，我們將會了解一些眞正美善的東西。

把最親切的問候給你

Henri Nouwen

盧雲

書信二

耶穌：釋放的神

一九八六年二月十三日（禮拜四）

親愛的馬克：

現在我身處德國南部布拉斯高地區的一個迷人小鎮弗賴堡(Freiburg-im-Breisgau)中。這小鎮曾在一九四四年十一月二十七日受大規模的空襲，今天已重建完成。也許要感謝那個指揮轟炸隊的軍官，這裏美麗的大教堂幾乎完整無損。這座落在明斯特市(Münster)的高塔宛如一顆燦爛奪目的寶石矗立在小鎮的中心，並給你一種安舒無憂的感覺。我每次遊覽這所大教堂的時候這感覺尤爲深刻，我也感到特別平靜。單單以這所大教堂由一二〇〇年起興建，至一五一三年才完成，已足以使你平靜下來，不需表現事事非要在這一個下午內完成不可。今天，弗賴堡這個彈丸之地是一處寧謐、融洽和平的地方。

一事一物都是自然暢順的。人是友善的，商戶擠滿了客，街道整潔，火車操作準時有序，也看到人們生活不缺甚麼。正因這裏沒有太多的工業，這鎮便可保持一種親切而友善的氣質。特別在這小鎮中心重建後，這氣質更加強烈了，流水隨著水溝在街道邊潺潺作響，這裏汽車是不准駛進的，只有數輛色彩斑爛的電車。晚上，最標緻的建築物都被泛光燈照得通明；並且從那明斯特市露天的高塔中，散發出令人溫暖的琥珀色彩，充溢著誘人的氣氛。

在這裏躑躅，我感到我們這世界一定十分妥當，一切運作如常。但你自己是知道的，弗賴堡並不代表全世界的情況。報章滿載著獨裁者杜瓦利埃('Baby Doc' Duvalier)從海地逃亡，和菲律賓大選後的暴力騷亂等消息。每一處地方都傳來暴力和壓制的消息。烏干達的新領導人穆塞韋尼(Yoweri Museveni)向記者展示那集體墳場，葬著死於前領導人奧博特(Milton Obote)手下的受害者。穆塞韋尼說

在一九八〇年至八五年間，在烏干達大約有二十萬人被謀殺。你只須想想現今的南非、北愛爾蘭、伊朗和伊拉克、中美洲和世界許多地方，便肯定地知道弗賴堡的寧靜和平，也顯示不了眞相的一半。

每天早上與我共進早餐的兩個神父也提醒了我這事實。其中一個是從捷克來的難民，另一個是克羅地亞人 (Croat)。他們的故事從各方面肯定了報章告訴我們的事——對大多數人來說，自由仍然是夢想。在這個世界裏，要找一些欺壓人的證據，遠比人類自由的證據容易。我對歷史的認識也告訴我，古往今來沒有甚麼分別。

我提這些事，是讓你明白我要對你說有關耶穌的第一個故事。這是革流巴和他友伴的故事，他們懷著沈重的心情從耶路撒冷上路往以馬忤斯去。他們正在歸途，失望、沮喪、意志消沈。我們不大認識這兩個朋友，但作者路加在他的福音書裏，也相當清楚地暗示他們的感受：受打擊和壓逼。在他們的土地裏，羅馬人已統治了一段相當長久的日子，那裏連少許的眞自由也沒有，但人同此心，他們都急不及待要得到自由。當他們認識耶穌，便挑起了他們的希望，以爲這一個拿撒勒人可以給他們帶來渴望已久的自由。結果得來的，卻是一場空。他們寄予厚望的耶穌被抓起來了，被判死刑，由羅馬兵丁釘在十字架上。一切都如以往，沒有改變：生命如舊活在隨時可能被抓送到獄中的景況下。並且，自由還未降臨。革流巴和他友伴已萬念俱灰，在失望中，他們只有取道回家。只是這並非希望之路，卻是沈鬱、絕望之路。

要你對這兩個人的經歷感同身受並非易事，因你從來沒有受壓逼的體驗。我還能隱約地憶起這種經驗。當第二次世界大戰結束時，我只有十三歲。我還記得那邪惡的飢饉寒冬，和加拿大兵團在一九四五年五月勝利地進城的情形，使我親身體驗到「被佔領」和「得自由」的分別。所以，我知道自從一九四五年以來，我是何等有特權的人。對你來說，受壓逼還是一樁未知的體驗。然而，我想你還稍略可以設身處地，體驗那些最終渴望要完全和徹底自由的人們，明白他們的感受是怎樣一回事。

耶穌遇上這兩個人，他們卻認不出祂來。祂怎樣做呢？祂首先聆聽他們遺憾的故事，然後祂親自（你也可以說是十分親切地）跟隨他們，祂正正體會他們失望的心情，和他們甘苦與共。他們在哪裏，祂也願意在那裏。

這裏你一定要想像在耶穌身上發生的事。祂被悽慘地折磨至死，然後被人埋葬。人們常常談及耶穌，好像祂死後便立即復活，並不如福音書告訴我們一般；耶穌其實在墳墓裏躺了三天。這不單表示祂像今天許多人一樣成爲被壓逼的受害者，祂的身體還像每一個人一樣會腐爛。當拉撒路葬在墳墓裏四天，他的姊姊馬大對耶穌說：「他現在必是臭了。」（約十一39）墳墓是腐化的地方。耶穌躺在墓裏三天，祂的身體在那裏也要腐爛。我提這一點，因爲腐爛肯定是人類絕望的最有力象徵。無論我們作甚麼、說甚麼，無論學識有多淵博，縱使相識滿天下，即使富可敵國，很快——十年、三十年、五十年、七十年間——我們便要腐化。所以我們便那麼受生命中的失望和挫敗所影響。它們提醒我們，或遲或早，一切都要腐化。絕望是我們內在的信念：最終，我們都不可制止，一切都要化爲烏有。

革流巴和友伴所剩下的意念，是他們的盼望再一次被粉碎，他們悲傷欲絕。然而他們再一次痛苦地明白到，他們的生命其實是何等的無意思。他們所得的，是一陣腐爛發臭的氣息，摧殘著他們的生命。結果，他們只有垂頭喪氣地歸家。這不單是他們和耶穌一起的歷程告終，其他一切最終也化爲烏有。

所以當耶穌遇上這兩個灰心的人時，祂十分清楚知道他們心中所想的是甚麼。祂從經驗中得知，人類的絕望是甚麼一回事。祂認識到死亡和墓穴，祂知道不免一死 (mortal) 是甚麼意思。我想革流巴和他友伴一定感悟到這個陌生人其實並不陌生。祂實在太了解他們，以致難以繼續維持這種陌生的感覺。他們也知道，這人將不會給他們輕言安慰。耶穌要說話的時候，是帶著權柄說的。祂的權柄不是來自能力，而是來自親身的體驗。故此他們那麼留心敬聽祂的話。

耶穌究竟向他們說甚麼？不是說生命的死亡和腐朽是虛假的，也不是說他們對自由的憧憬其實是空中樓閣。不，祂不單認眞地說及死亡和腐朽，同時也肯定他們對自由的憧憬。祂說，他們所寄予一切厚望的耶穌，那位實在是死了也埋葬了的耶穌，現已活著了。祂告訴他們，對於他們十分仰慕的耶穌，死亡和腐朽已成爲通往自由的道路。祂這樣說，使他們內心深處也領悟到，耶穌的道路也可以成爲他們的道路。

當耶穌和他們說話之時，他們感到內心變化一新。他們的內心好像有火燃燒，但這火不是從外而來，而是從內裏點起的。耶穌就在他們內裏燃點起一些東西，他們也說不出來，只是這些東西是如此的眞實、確鑿，便將他們消沈的意志也克服過來。耶穌沒有說：「這不是你們想的那麼壞。」祂所說的，完全是新的東西：「那最悲慘、最痛苦、最絕望的景況，可以成爲通往你們最渴望的自由的途徑。」

這樣的說法，是你和我難以掌握的。事實上這是違反邏輯的。你和我都是有理性的人，我們會說：「死亡就是死亡。我們必定要不惜一切代價，來避免死亡和一切要臨近死亡的事。我們愈遠離死亡，和遠離一切與之相關的痛苦、疾病、戰爭、壓逼、貧窮、飢餓等等，對我們便愈有利。」這是人類正常和自然而生的態度。耶穌卻使我們從一個相當不同的角度去看人類的存在，這角度非我們普通的常識能達至的。

耶穌令我們以祂自己的經驗來看人的存在：生命比死亡和腐朽都堅强，也更偉大。這只有用我們的心靈才能明白，而路加也不這樣寫道：「這樣他們便漸漸明白過來」，或是「這樣他們便有所領悟」。不，他卻是說：「他們的心裏火熱。」對革流巴和他友伴來說，火熱的心向他們顯示一些簇新的東西。在他們整個人的中心，在他們人性的中心，有些東西衍生出來，能夠化解死亡，也使絕望不力。這些東西不單是對事物的新見解，不單是新的信心或在生活中有新的喜悅，這些東西只可以描述爲新的生命或新的靈。今天，我們或許會說：「屬靈的生命在他們心裏誕生了。」但在這裏最好不用這樣的術語，否則我們只會離題太遠，這故事還有很多要說的呢。

當這三個人抵達以馬忤斯，他們之間已有許多的變化，以致兩個同伴不想那個陌生人離去。兩個同伴和耶穌之間已產生一種聯繫；縱使他們不明白箇中原因，這聯繫給了他們新的盼望。他們感到這陌生人把一些新東西給了他們，便想與祂一起留宿。所以他們說：「時候晚了，日頭已經平西了，請祢同我們住下吧！」（路二十四29）路加在他的記述中甚至說他們懇求祂留下作客。耶穌接受了邀請，便聯同他們一起。

這時，有些對你對我都十分重要的事情發生了，這事涉及屬靈生命的核心。當他們坐下吃東西時，耶穌拿了些餅，祝謝了，擘開，遞給他們。祂這樣做的時候，他們赫然醒覺，堅決肯定這個陌生人就是耶穌，同是那個受害至死和埋在墓穴內的耶穌。然而，正正在他們確定之際，祂便消失於無形。

這裏發生了很多事，很難將其中全部的意義都告訴你，所以我只選擇告訴你對我來說是最關鍵性的一面。這最關鍵的是當耶穌擘開餅之際，他們便認出祂；這表示祂的肉身同在已不再是他們新希望所需的條件。你或許會說，他們和這陌生人的關係已是如此的親密，以致對祂再沒有陌生的感覺，若照最直接的字義來說，祂已成爲他們的知己。祂與他們是何等的親密，以致他們不再需要肉身的顯現，才有盼望。現今他們知道，在路途中與祂傾談時所孕育出來的新生命，會與他們一起；並使他們擁有力量返回耶路撒冷，告訴其他人並不是「一切都完了」。故此路加敍述他們直往耶穌的友伴那裏，要告訴他們自己的經歷。

你開始明白我意指的是甚麼嗎？革流巴和他的友伴已變成不同的人了。因爲他們有了親身的經歷：那位他們曾爲之哀慟的耶穌已經復活了，祂也比以往更接近他們，於是他們的心重生了，他們的內在生命也煥然一新。這與接受新的信念、對事物抱有新的看法，或經歷意見的變更截然不同。對這兩個人來說，有更深遠的事在他們的身上發生。他們見過的那位耶穌，不單進到他們的家裏，卻是進到他們的心裏，以致祂藉勝過死亡和腐朽所得的新生命，與他們有分。

你這裏所見的，是從根本解放的過程。因爲耶穌的加入，這兩個徒步往以馬忤斯的人，同時也度過了一段屬靈的旅程。當他們開始出發，解放仍只是表示擺脫羅馬人的桎梏。他們希望耶穌幫助他們。但當他們偉大的英雄、解放者耶穌被殺，他們便極度驚惶失措。可是在耶穌擘開餅遞給他們之際，他們便開了眼睛，開始意識到從來沒想過的自由。

這自由，他們從未預料，因爲他們從來沒有這種意念。

這自由，他們從未知曉，所以是遠超他們所渴求的。

這自由，遠超乎他們所希望和夢想的，也更久遠；這自由直抵他們的內心極深處；這自由是沒有地上的政權（羅馬的或猶太的）能奪去的。

這是心靈的自由：不受任何未來的政治、經濟或社會景象約束；即使是受苦之途，也隨時隨地都要跟隨耶穌的自由。

讓我們稍稍進深一點領略耶穌給予革流巴和他友伴自由的意思。你愈了解那屬靈的自由和親身體驗更多，你便愈容易發現耶穌是誰。這一世紀，有些人已寫過這種屬靈的自由：在潘霍華的《獄中書簡》(*Letters and Papers from Prison*) 中，在希理生 (Etty Hillesum) 的《我的日記》(*Etty: A Diary 1941 ~ 43*)；布斯馬（Titus Brandsma）在他從荷蘭獄中寫的書信。這些人處於最兇殘的壓逼和暴力中，他們卻發現在他們當中有一處空間，是無人能佔領統治的；在那處空間，他們是完全自由的。雖然他們每一位都與別不同，他們都同樣有靈裏自由的意識，這使他們在這世界中不受操控，而能頂天立地。他們的自由甚至強至一個地步，可以克服對死亡的恐懼。他們內心深處都知道，那些能摧毀他們肉身的人，永不能剝奪他們的自由。當耶穌對門徒說「那殺身體不能殺靈魂的，不要怕他們」（太十28）的時候，祂就是說及這種自由。

而我個人覺得十分吸引的，就是這**屬靈** (spiritual) 的自由和**靈意化** (spiritualized) 的自由是截然不同的。耶穌賜予的自由，並不表示壓逼者仍可以繼續壓逼，貧窮的仍舊貧窮，飢餓的仍然飢餓，縱使現在我們在屬靈上確是自由的。真正的屬靈自由，觸動我們整個人性的中心，也必須在每一範疇中——身體的、心理的、社會的和全球性的——即是說在任何地方都應具體可見。但是這種屬靈自由的核心不在乎可看的形態或模式。即使這自由不能在生命中每一環節都能彰顯，一個患病、弱智或受壓逼的人仍然可以是在屬靈上自由的。

我探訪尼加拉瓜的時候，便赫然發覺這種情

況。我在一個名叫贊拉巴(Jalapa)的小村落中，與一些婦女傾談，她們的丈夫或兒子被所謂對抗軍(Contras)殘害。這些婦女深知道對抗軍是由美國政府在背後支持的，但她們卻沒有絲毫怨恨復仇的表現。她們記得耶穌在十字架上的說話：「父啊，憐憫他們，因爲他們所作的，他們不曉得。」（路二十三34）她們也像耶穌一樣，常常預備祈禱，爲要敵人得到赦免。

當我和她們一起，便感覺到她們深邃的屬靈自由。在所有這些壓逼中，沒有人能奪去她們這些自由。她們的心靈還是自由的，而她們難以形容的苦難並未傷透她們的靈魂。對我來說，這是一次難忘的經歷。當革流巴和他友伴認出耶穌並讓祂進入他們心坎裏，他們便認識了自由；我在尼加拉瓜和洪都拉斯邊境，也看過相似的自由。

自由是屬於屬靈生命的核心的。不單是把我們從壓逼的力量中釋放出來的自由，也是原諒他人、服事他人和與他人建立新團契關係的自由。簡言之，是為一個自由的世界去愛、去努力的自由。

我應該讓這話題停留於此，但我仍有些關於以馬忤斯故事的東西想告訴你。這些東西對你每天的生活都會有相當具體的果效，會將你與這件事拉近一些的。

這故事寫的時候，一些初期基督徒羣體已經成形，所以它不單告訴我們有關耶穌和屬靈生命的事，也有關最早期的教會生活。事實上這故事就是在一個信仰的羣體及其體會過的經歷中寫成的，這樣便給這故事一個全新的向度。它讓我們知道一些羣體敬拜的不同層面：承認我們的絕望、喪志、迷惘和罪過；敞開心靈聆聽神的話；圍著桌子聚集擘餅，並承認耶穌的同在；以及再次走到世界中，讓我們見證生命中所學習和體會的事物。你或許已經看出，這些是聖餐典禮的不同部分。就在這裏，你看見了悔罪、宣講和解釋聖經、領受主餐，和被差遣進入世界。所以，你每次參與聖餐的時候，可以說是從耶路撒冷至以馬忤斯來回走了一趟。你也可以說，每次參與聖餐，你便可以得到多一些屬靈的自由。這是不受這世界權勢壓制的自由——這些權勢非要引誘你去追求名成利就不可。這也是去愛朋友及敵人的自由。

說到這裏，最終又回到現實的生活來了。你常常問我，聖餐有甚麼意義。你愈認識耶穌，便愈能明白更多聖餐的意義了。我希望這封信能助你了解箇中的關係。

這結果是一封長信。雖然是不乏有些樂趣，我卻寫了好一段時間。這已是禮拜六下午五時半了，我又想回到弗賴堡的鎮中心，再遊覽一次那大教堂。週末的下午，廣場每每是非常寧靜的。當我抵達那裏時，天色將已轉黑，那溫暖、琥珀色的燈光將會透過塔尖發出光芒。我想現在你若在這裏，我們便可一塊兒去了。唉，卻偏偏不可以。我只有附上數幀明信片，會給你些思緒吧。

代問候你的雙親，以及菲狄(Frédérique)和蘭莉(Reinier)。

下次續談

盧雲

書信三

耶穌：憐憫的神

一九八六年二月十七日（禮拜一）

親愛的馬克：

昨天我和幾位朋友到過科爾馬(Colmar)。科爾馬是一個在阿爾薩斯省(Alsace)的法國市鎮，距離弗賴堡約一個小時或更少時間的車程。我們到那裏要看一看伊薩漢姆祭壇畫(The Isenheimer Altar)。你可能已有聽聞了，也許甚至親眼看過，這是一次十分深刻的體會。

離科爾馬不遠就是伊薩漢姆小村落，那裏有一間收容瘟疫病人的醫院；伊薩漢姆祭壇畫就放在這醫院的小聖堂內，約在一五一三至一五一五年間畫成的。畫家是一個有孤僻傾向的男子，有些人說他也是十分憂鬱的一個人。至於他是誰，歷史學家還沒有一致的定論。這幅傑作集中世紀後期整個繪畫藝術大成，同時將這藝術推至顛峯。根據一些最權威人士的見解，格呂內瓦爾德(Matthias Grünewald)是這幅傑作的創作者。這一幅祭壇壁畫，其實是由多組的板面油畫構成的。很多人都說這不單是最悲壯的祭壇壁畫，同時亦是最感人的一幅。

最前面的畫板只描繪了耶穌死在十字架上的情景。第二組畫了天使向馬利亞報訊、耶穌誕生和祂的復活。第三組有兩塊畫板，每塊上都塑造了數個人物，你可以看見沙漠修士聖安東尼(St. Anthony of Egypt)受著各種試探，和他探望隱士保羅(the hermit Paul)的情形。

我雖然已閱讀過由尼辛(Wilhelm Nyssen)所寫的兩本小册子，來預備參觀這祭壇，但所見的實況遠超書中的描述和複製品。當我瞥見耶穌在十字架上被折磨、疲弱和布滿膿腫的身體，我便略略領會那些在十六世紀受瘟疫災害臨死的受苦人士的反應。在這祭壇上，他們看見他們的神，懷著一樣化膿的傷口，使他們頓然領悟道成肉身的眞正意思。他們看見團結、憐憫、寬恕和不息的愛心，都在這受苦的人物中盡現。在絕望的苦痛中，他們明白並沒有被遺棄。

然而當前面的畫板展開的時候，他們便看到馬利亞所生的耶穌，祂受摧殘的身軀不單爲他們而死，也爲他們從死裏榮耀地復生。這掛在十字架上傷痕纍纍的身體，現在流溢出耀目光華，在同時爲我們預備的神性光輝中往上升。

那兩塊聖安東尼畫板，分掛在這儡人的畫象兩旁。這兩塊畫板提醒了受瘟疫折磨受苦人士，在有分於耶穌的榮光的同時，也要隨時預備面對祂的試探。聖安東尼就是修道團體的守護者，負責照料瘟疫的受害者。他的生命，沒有半點庸俗的傷感，但表現出跟隨耶穌的人，必然踏足一條又窄又崎嶇的路途。

我在伊薩漢姆祭壇逗留三小時多。這三小時

格呂內瓦爾德，伊薩漢姆祭壇畫中一幅油畫，名爲「耶穌釘十字架」，收藏於法國科爾馬市鎮的Unterlinden博物館內。

格呂內瓦爾德，伊薩漢姆祭壇畫中一幅名爲「耶穌升天」的油畫，收藏於法國科爾馬市鎮的Unterlinden博物館內。

內，我對受苦和復活的認識比往日更深。格呂內瓦爾德所繪的被釘和復活的基督，深深刻在我的記憶和想像中，致使我無論去或留在甚麼地方，我都能想起祂。我現今重新認識到，若我要豐盛地過此一生，無論在痛苦或榮耀的時刻，我必須緊緊地與耶穌結連。

當我們駕車回來，經過凱撒施圖爾(Kaiserstuhl)滿種葡萄的山崗，我也更加明白耶穌另一番說話的意思：「我是葡萄樹，你們是枝子，常在我裏面的，我也常在他裏面，這人就多結果子，因爲離了我，你們便不能作甚麼。」（約十五5）

說來也十分奇怪，我上週已決定在這個禮拜內寫信給你，談談基督的受苦和復活。那時我還未看過伊薩漢姆祭壇。現在我卻感到必須看一看，然後才能得著這封信要對你說的話。

有關耶穌受苦和復活的記述，形成了耶穌的門徒要向世界宣講的「福音」核心。耶穌是那位受害、死亡和埋葬，並在第三天復活的主。每一個人都必須曉得，這些事以往是「好消息」，至今仍是。你可以這樣說，四卷福音書的其他有關耶穌的事迹，都是要帶出祂的受苦、死亡和復活的全部意義。

當我昨天看到伊薩漢姆祭壇畫的時候，這種思想再一次十分清楚地展現。若沒有耶穌的死亡和復活，福音只是一個異常聖潔的人的故事；這故事無疑引發善良的思想和偉大的行爲，可是類似的故事還多著呢。福音最重要的是耶穌受死和復活的故事，這故事更加形成屬靈生命的中心。格呂內瓦爾德明白這一點，便想平平白白的展示給那時臨死的男男女女知道。

要寫信讓你知道耶穌的受死和復活，使你在讀的時候深受感動，不會是一件容易的事情。眞的，你沒有受過太多的宗教教導，你也只對福音有些微的興趣；但耶穌受死和復活的故事，早已是你成長環境中熟悉的一部分，已不能令你有出奇、吃驚或震撼性的感覺。你更可能這樣說：「是的，我知道這故事，但是我們還是談些別的吧。」但無論如何，我還是要提醒你，這些事實（耶穌的受難、死亡和復活）是人類歷史過程中一件最重要和影響最深遠的事件。若你自己並不明白，也感覺不到，那麼福音最多只能夠是一樁有趣的故事，卻不會更新你的心靈和令你成爲一個重生的人。而再生就是——從死亡的勢力中徹底的解放，釋放我們，令我們有力量無懼地愛。當我觀看格呂內瓦爾德所畫的耶穌赤身受折磨的畫象，我重新認識到，十字架並不是裝飾弗賴堡的客廳和餐廳的一幅美麗藝術品；它是我們的思想、感覺和生活最徹底更新的標記。耶穌在十字架上受死已改變了一切。人類對受苦和死亡的最自然反應是怎樣的？對我來說，立即湧上心頭的詞彙是：避免、逃避、否認、規避、除掉它和置之不理。這些詞彙都表示，受苦和死亡不配合我們生活的規律。我們的反應，是看它們爲不請自來、沒有預料和不受歡迎的不速之客，我們便想快快的把它們驅逐離開。我們若生病了，最基本關心的是盡快復元。若未痊愈，便盡量說服自己，或彼此說服說情況不是如所見的那麼壞，並常常罔顧現實地說一切都會回復正常的。若不幸地，死亡臨到了，我們每每感到意外、吃驚、極度失望，或甚至忿忿不平。

幸運地，已有人致力改變這種態度，並對受苦和死亡採用較爲現實的看法。可是我自己的經驗告訴我，對很多人來說，這些仍然是生命的頭號敵人，它們不應存在，無論如何，我們必須嘗試盡力控制它們，一次不成功，我們下一次便要做得更好。

很多病人對他們的病狀所知不多，他們死的時候還未眞正想過自己的死亡。大約一年前，我有一個朋友死於癌症。他死前六個月，大家已明顯知道他活不多久的。縱使這樣，還是很難讓他安然接受死亡。他滿身都插著喉管，繁忙的護士圍在身旁，讓人覺得要不惜任何代價令他活著。我不是說誰人出錯，我要說的是，這麼多的注意力都放在要他活著的事上，卻沒有時間讓他預備死亡。

這樣對我們的結果是，我們已不關注死去的人。我們很少記念他們，即是說，不將他們放在我們的內心世界中。你多久才去一趟祖母的墓前？你媽媽和我又多久才到我們已故的祖父母、其他長輩和朋友的墳前掃墓？事實上，我們表現出他們不屬於我們，好像他們與我們無關似的。他們不再影響我們的生命，他們不單在肉身上遠離我們，也在我們的思想和感覺中消失了。

耶穌對受苦和死亡的態度卻截然不同。在祂看來，這是祂知其不利而面對的現實。事實上，祂整生都是有意爲此而預備的。但耶穌並不是評價受苦和死亡爲有價値的東西，但也確實地說我們不應拒絕、避免或隱藏它們。

耶穌有好幾趟都預言祂自己的受苦和死亡。祂差遣了十二個門徒後不久，便告訴他們：「人子必須受許多的苦，被長官、祭司和文士棄絕，並且被殺，過三天復活。」（路九22；太十六21）不久，祂又重複這個預言：「你們要把這些話存在耳中，因爲人子將要被交在人手裏。」（路九44）彼得的反應，正正是當日他們罔顧現實的附證：「就拉著祂，勸祂說，『主啊，萬不可如此，這事必不臨到祢身上。』」（太十六22）耶穌的答覆卻是苛刻的，似乎祂認爲彼得的反應，是追求眞正屬靈生命中最危險的反應：「撒但，退我後邊去吧；因爲你不體貼神的意思，只體貼人的意思。」（太十六23）然後，祂再明明的告訴門徒說，人若不預備受苦和死亡，便休想進入屬靈的生命中，只有經過對死亡的實況直接和赤裸裸的對抗，才能過屬靈的生活。只要聽聽耶穌必定要說的話，便可知道：「若有人要跟從我，就當捨己，背起他的十字架來跟從我。因爲凡要救自己生命的，必喪掉生命，凡爲我喪掉生命的，必得著生命。」（太十六24～25）

從受苦和死亡之中尋索新生命，就是福音的核心。耶穌在我們面前已活出釋放的途徑，也使之成爲偉大的神蹟。人類永遠都希望見到神蹟：那些可以使人稍稍脫離殘酷現實的、出奇的、異常的和令人振奮的事情。我們繼續不斷地觀望衆星，要看看它們是地上的星星還是天上的星星，並非沒有理由的。我們想看看一些出奇的、一些異常的和一些干擾日常生活的東西。那樣，即使在一瞬間，我們也可以假裝玩捉迷藏遊戲。但對於那些向耶穌說「夫子，我們願意祢顯個神蹟給我們看」（太十二38）的人，耶穌的回答是：「一個邪惡淫亂的世代求看神蹟，除了先知約拿的神蹟以外，再沒有神蹟給他們看。約拿三日三夜在大魚肚腹中，人子也要

這樣三日三夜在地裏頭。」（太十二39～40）

從這裏你可以看到甚麼才是眞正的神蹟；不是那些令人振奮的事，乃是耶穌的受苦、死亡、埋葬和復活。只有那些願意跟隨耶穌的人才能明白的偉大神蹟，就是約拿的神蹟。約拿，就是那個也想逃避現實，但結果被神遣返完成艱苦使命的人。迎面面對受苦和死亡，並且在神所賜新生的盼望中經煉過它們的：這就是耶穌的神蹟，也是每一個效法耶穌想進入屬靈生命中的人的標記。這是十字架的神蹟：受苦和死亡的神蹟，卻也是完成更新的盼望。

因此格呂內瓦爾德勇於將耶穌悲慘的受苦，直接挑戰伊薩漢姆醫院的臨終病人。他敢於向他們展示那些我們寧願閉目不見的東西，因爲他明白到，受苦與死亡不再成爲通往新生命的阻礙，而是透過耶穌，成爲通往其中的路徑。你若小心察看，便發現格呂內瓦爾德所繪畫的十字架，像上了箭的拉弓，它本身就是希望的記號。耶穌受折磨的身體，可以說是繫於指向新生命的箭。

這樣我們若具體地說，對耶穌的受苦和死亡有甚麼結論？在向你講及革流巴和他友伴的故事中，我想告訴你，自由是屬靈生命的重要部分。由耶穌受苦和死亡的故事，你也清楚明白自由還要加上憐憫。屬靈的生命加上憐憫，才可顯出是自由的生命。現在我希望讓你更清晰地了解及感受到這些道理。

神差遣耶穌來使我們這些人得自由。祂選擇了憐憫爲通往自由的道路。這自由比你原本所想像的更徹底。這表示神要釋放我們，不是靠消除我們的苦難，而是與我們一同受苦。耶穌就是與我們一同受苦的神。「同情」一詞本義是「與人一同受苦」，但經過長時間後，它只能微弱地表達上述的實況。今天，當某人說：「我同情你。」這含有相當疏遠的含義。至少在我來說，那種感覺像是某人高高在上的俯望著你。這詞原本「與某人一同受苦」的部分意思已失卻了。所以我才選擇「憐憫」這詞。它較爲溫暖、更加親切和緊密。這是與其他人的受苦有分，作爲一個眞正在受苦中的人類同胞。

耶穌在我們受苦中，成爲我們的伙伴和同行者，使我們可以轉苦難爲釋放之途，耶穌就是這樣讓我們體會到神的愛。你可能熟悉一些問題，是那些認爲難以信神或沒有可能信神的人提出的。假若神眞正愛這個世界，祂怎能容讓所有這些可怕的苦難存在？神若愛我們，爲甚麼祂不結束我們到處可見的戰爭、貧窮、飢餓、疾病、逼害、暴虐和其他所有的苦困？神若關心我這個人，爲甚麼我仍留在這麼壞的景況？……爲麼我常覺得這麼孤單？……爲甚麼我還未找到一份工作？……爲甚麼我感到生存是那麼漫無目的？

特別在我知道中美洲及南美洲的貧窮，看見無辜的印第安人被人綁架，用最殘暴的方式折磨和殺害後，我自己便不斷受這些問題困擾。

同時，我也找到答案的端倪！我發現苦難和被壓制的受害者，常常比我們更堅信神的愛；而我們這些只單單聽聞及閱讀有關苦難的人，卻比那些自己曾親身嘗過苦難的，更多詰問爲何有苦難。我很少有見過，像中美洲及南美洲貧窮及受壓制的印第安人那樣信靠上帝。在荷蘭，當許多人在過往數年逐漸富裕起來，他們卻在日常的生活中很難感覺神的接近；而在拉丁美洲許多的男男女女，在他們面上掛著受苦的記號，當他們告訴你神是如何賜給他們盼望和勇氣時，他們是被聖靈充滿的。

你當然會明白這給我的印象是何等的深。我開始漸漸了解到，這些人已經認識耶穌就是與他們一同受苦的神。對他們來說，受苦和受死的耶穌是最確實的標記，表示神眞的十分愛他們，也不會棄他們在危難之中。祂是他們在苦難中的同伴。若他們是貧窮的，他們曉得耶穌也是貧窮的；若他們膽怯，他們曉得耶穌也曾膽怯；若他們被毆打，他們曉得耶穌也被毆打；若他們被折磨至死，這樣，他們更知道耶穌也遭受同樣的命運。對這些人來說，耶穌是忠實朋友，與他們一同踏著受苦的孤單道路，同時帶來安慰。祂與他們結連在一起，祂認識他們，了解他們，也在他們最痛苦的時刻緊抱他們。

在祕魯首都利馬(Lima)的聖佩德羅教堂(San Pedro)，和在危地馬拉的阿蒂特蘭湖(Atitl'an)旁的聖地牙哥市(Santiago)禮拜堂，掛著耶穌的塑像，表達出一個體力透支的男子，受過鞭笞，戴著荊棘冠冕，滿身傷痕。我每每覺得難以入目，但對這些祕魯人民和危地馬拉印第安人來說，這個受創的人正是他們最大的盼望。

也許這一切似乎對你有點遙遠，但你和我都有一些體會，能使我們容易感到耶穌的憐憫。一個真正的朋友，並不事事都可以替你解決，也不是擁有一切問題的答案。不，一個眞正的朋友，在沒有答案或解決方法的時候，也不會捨你而去，卻緊靠你身旁，始終對你忠誠。事實每每是如此，那些對你說「幹這，說那，到那裏」的人，並不是最使你得安慰的人；反而是那些沒有甚麼意見，只說「無論怎樣，我是你的朋友，你可以信靠我」的人。你年紀愈大，你會愈發覺這些友誼叫你快樂和喜悅。生命的一大奧祕是，似乎是難以忍受的苦難，藉著憐憫，可以成爲新生命和新希望的源頭。

神成爲人，以致能完全地和我們一起活著、一起受苦和一起死亡。我們在耶穌裏找到一個人類同胞，一個完完全全的人類同胞，每樣輭弱、痛苦和試探祂都嘗過。正正因爲耶穌是神，祂沒有罪，祂能徹底地經驗我們有罪、破碎的人類景況，以致我們可以這樣說，祂認識我們比我們對自己的認識更多；祂愛護我們，比我們對自己的愛護更深。從來沒有人像祂如此徹底地與我們同在，使我們覺得被完全了解，也被沒有限度的愛所覆庇。我們人類仍然是那麼以自我為中心，卻不能為他人完完全全地忘我。但耶穌卻眞的完全付出自己，沒有為自己保留甚麼，祂全然和我們一起的方式，使我們可以永不再感到孤單。

耶穌就是那位憐憫的神，在我們輭弱裏，祂是那麼的靠近我們，使我們可以無懼地轉向祂。希伯來書所表達的極為深入：「……祂也凡事受過試探，與我們一樣，只是祂沒有犯罪。所以我們只管坦然無懼的，來到施恩的寶座前，為要得憐恤，蒙恩惠作隨時的幫助。」（來四 15 ~ 16 ）

這些一切，我希望你能掌握一些，並存在心裏。最終，我想你只能藉著禱告才能明白。當脆弱如你站在神的跟前，讓祂看到你就是這樣的，你自己便開始漸漸體會到，在一切的事情中，神差遣耶穌成為「與你同在的神」的意思。這樣，你就會明白，神藉成為人的耶穌，賜給你神聖的生命。然後你便能夠用一種全新的態度詢問自己，究竟願意怎樣過你的生活。

在我上一封信中，關鍵性的字眼是自由，在這封信就是憐憫。當你不斷認識耶穌就是憐憫的神，你便開始逐漸明白，你希望自己的生命，能彰顯那神聖的憐憫。接著可能發生的是，你感到內裏有一種愈來愈强烈的深切渴望，要使你的生命變成爲他人而活的生命。你愈加認識和愛耶穌，你便愈加渴望使你自己的生命像祂的一樣。你讀過金碧士 (Thomas á Kempis) 的《效法基督》(*Imitation of Christ*)，自己已經發現其中的道理。你察覺到這裏有些頗爲激進的東西，也是相當吸引的。與耶穌結連在一起，爲其他人而活：這就是過著屬靈生活的意思。這樣，你也能達至眞自由。

在我結束這封信時，我想說的是：正如在我上一封信中說，耶穌受苦、死亡和復活的記述，並不單是過去了的故事。像以馬忤斯路上的故事，這也是在基督徒羣體中寫成的。聖餐禮過往在基督徒羣體中舉行，今天也是。所以最後晚餐的記述，也是屬於受難故事的一部分。那裏你讀到，耶穌在受苦和死亡前，拿起餅和酒，對祂的朋友說：「這是我的身體，爲你們捨的，你們應當如此行，爲的是記念我。」（路二十二19）

你經常聽到這些說話，對你來說，這些說話已不再帶著完滿和正確的意義了。但請考慮一下，這裏究竟發生了甚麼事。耶穌說：「我想將自己完全的給予你。食物和飲料是如何與你的身體結合，我也會這樣與你合而爲一。我不想爲自己保留甚麼，我只想任你吃喝下去。」所以，你最好這樣演繹耶穌的說話：「吃我，喝我。」你需要在這裏聽到和感受到的，是耶穌完全捨己的愛。最後晚餐之後的受苦和死亡，就是顯明捨己的愛。當祂說：「吃我，喝我」，耶穌所受的痛苦、鞭笞、嘲笑、荊棘冠冕、十字架和死亡，是以最激烈的方式讓我們看到，祂將自己完全的賜給我們。從這方面來說，受難的記述，讓我們明明白白的知道，在最後晚餐中已經發生了甚麼事。

聖餐典禮在過去和今天，都是那些信靠耶穌的人的團契中心。最初的基督徒，也是在舉行聖餐的場合中，互相憶述耶穌受苦和死亡的故事的。福音書的作者，也是在這聖餐典禮的羣體中記述這故事的。這對你對我來說都是十分重要的，因爲我們可以日復一日舉行聖餐。在每次的慶典中，耶穌的受苦、死亡和復活都變成是此時此刻的事。最好是這樣：你每一次參與聖餐禮，接受了餅和酒，即耶穌的身體和血，祂的受苦和死亡就變成了爲你受苦和死亡。受難 (passion) 就變成了爲你同受苦難 (compassion)。你與耶穌結合，你成爲祂「身體」的一部分，並在最慈悲的方法中你被釋放脫離了深切的孤獨。藉著聖餐典禮，你開始親密地歸屬耶穌。

祂爲你受苦、死亡和復活，使你可與祂一同受苦、死亡和復活。

你現今更加明白爲甚麼格呂內瓦爾德選了伊薩漢姆的祭壇，放置他所繪畫的耶穌受苦、死亡和復活畫象嗎？他想展示給這裏快要死的病人，聖餐眞正帶給他們的是甚麼。他們不須單獨地忍受這些疫症。他們已經與受苦的耶穌結合，所以他們可以信靠祂，將會與祂的復活有分。

我附上格呂內瓦爾德一些祭壇畫板的照片，好使你自己明白和認識到，神對我們人類的憐憫，究竟是甚麼意思。

我現今要在此擱一擱，可以寫的還多著呢。但我寫這封信時，開始發覺我是多麼須要抑制自己；然後我想不必事事都要寫在紙上。到最後，我只想你讀一讀聖經，自己發展你的屬靈生命。我的書信只是要給你一點兒激勵。

昨天，我有一位來自波士頓的朋友到訪，要與我同度數天假期。他的名字叫約拿斯(Jonas)。他抵達的時候，剛好我在給你寫到先知約拿的故事。今天我們會在弗賴堡到處遊覽一下，明天便往黑森林(Black Forest)；後天我們便會路經巴黎往特魯斯里(Trosly)，那是一個法國的小村莊，我會在那裏逗留至八月底。故此我下一封給你的信，會在法國寫的，屆時我會告訴你，我在那裏的工作和生活情況。

祝闔家安康。

下次再談

盧雲

書信四

耶穌：降卑的神

一九八六年二月二十五日（禮拜二）

親愛的馬克：

這刻我就在法國寫信給你了。我的朋友約拿斯和我已度過一段愉快的旅程，其中在斯特拉斯堡(Strasbourg)中途停留一下。我在那裏和兩個神父同受邀請在大教堂裏主領聖餐典禮。能夠從教堂的高祭壇處望向莊嚴的哥德式正堂，和觀看陽光灌透那色彩斑斕的玫瑰紅玻璃窗，確是一次異常的經驗。在講員的宣講中，他指向那偌大而彎彎的染色玻璃窗，說：「這是人類所製成的藝術品，但若非神的光照透這扇玻璃窗，我們便看不到甚麼。」

那巍峨的大教堂在約拿斯和我心裏留下深刻的印象。那些曾在斯特拉斯堡生活和祈禱的很多世代的人，我們感到與他們是一體的。而現在我已「歸回」特魯斯里，這裏每事每物都是細小而毫不矯飾的。約拿斯已返回波士頓，我在一間細小但舒適的房子內寫信給你，我由八月起已住在這房子內。

在這一封信裏，我想和你談談神在耶穌生命中彰顯的愛。當我反躬自問，我如何才表達得最好，我才發現我在這法國小村莊的生活便是最明顯的起點。特魯斯里，接近法國北部的貢比涅(Compiègne)，是一處不顯眼的地方。若不是一九六四年八月，一個加拿大人范尼雲(Jean Vanier)在這裏購下了一間小屋，邀請了兩個殘疾人士來這裏和他一同居住，開設了這個新的團體「方舟」(L'Arche)，我也不會在這裏，並要住上一年之久。現在，一九八六年，方舟團體在很多地方已廣爲人知，也十分受人愛戴了。

起初，范尼雲自己所想的只是與貧窮人一起過貧窮的生活。他其實在一個貴族的環境長大，他的父親從一九五九至一九六七年出任加拿大的總督。范尼雲在海軍服役了五年後，便往巴黎修讀哲學，後來成爲多倫多大學聖米迦勒學院 (St. Michael's College) 的副教授。他很快便廣受歡迎，但他並不滿足於成功。他覺得要有另一種生活方式：更簡樸、更貧窮，以及更集中於祈禱和更投身於服事。他想著要當神父，但在晋鐸前不久，他領悟到基督向他要求另一些東西。起初，他不知道這「另一些東西」是甚麼；但漸漸地，在道明會修士腓利 (Thomas Philippe) 的屬靈指導下，他終於知道了。基督是要他放棄在大學的事業，邀請兩個精神殘疾人士拉菲爾 (Raphael) 和菲利 (Philippe) 和他同住家裏——這樣他便開始了效法耶穌極爲簡樸的生活。

當他由護理機構接了這兩名男子，帶他們到他在特魯斯里的「方舟」時，他知道他所做的是不能反悔的事。拉菲爾和菲利缺乏可以照顧他們的父母和家人，遣送他們回到以往的機構是不可思議的。他自此一生便投身於照顧這兩個弱智人士。他自覺這就是與心靈貧乏的連結起來，這關連要求他一生的忠誠。

一九六四年八月，范尼雲除了奉獻他的一生給拉菲爾和菲利外，便不作他想。那時他還不大清楚怎樣照顧弱智人士，雖然他深深知道，爲了接受呼召照顧這兩個可憐人而放棄前途無限的學術事業，會令他的父母極爲失望，但他仍然靠賴自己的直覺，以及他屬靈導師腓利給他的支持和鼓勵。縱然如此，當范尼雲的抉擇傳開後，不同地方的年青人相繼抵達特魯斯里，要幫助他。出乎范尼雲的意料之外，他的小「方舟」家庭很快便增長成爲弱智人士之家的世界性運動。這運動不單在歐洲發展，也擴展至亞洲、非洲和北美洲等地。

數年前，當我還在耶魯大學任教時，范尼雲藉著友誼，派了一個同工邀請我與他聯絡，這就是我屬靈探索旅程的第一步。結果，這旅程使我決定辭去大學教席，去到特魯斯里，看看「方舟」團體是否我新的一個家。

所以現在我就在這個環境中。我可以說我的大學生涯和在方舟的生活差距，比我起初想像的大。我想這對比不在於聰明的學生和弱智人士之間，而是大學那種「上升的」(ascending) 姿態和方舟「降卑的」(decending) 姿態。你可以說，在耶魯和哈佛，他們主要對往上升感興趣，而這裏他們卻相信往下降的重要性。這就是兩者最徹底的分別。而我卻發現自己在這階梯上轉變方向是如何的舉步維艱。

當范尼雲從多倫多搬至特魯斯里，他生命的方向便徹底的改變了。他放棄了一份可使他平步青雲的工作，爲了一個召命，下到那些貧窮的、輭弱的、患病的和在困苦中的人的位置。現在我也十分清楚知道，你愈降卑，你對人性破碎的狀況便愈看得清楚。

我在這封信開頭說過，我想給你寫有關神的愛在耶穌裏顯明了。那愛如何藉耶穌顯明呢？是藉降卑的方法，就是道成肉身的偉大奧祕。神降生與我們一起成爲人，並一次地在我們中間，降至完全被遺棄的地步——被置諸死地。要眞眞正正地從內心感受和了解耶穌這降卑的行動，並非易事，我們整個人用每分力要抗拒它。我們並不介意要間或留意貧窮人；但要降至貧窮的境地，與貧窮人一樣地貧乏，是我們絕對不想幹的事；但這卻是耶穌選擇讓人認識神的方法。

在基督教的第一世紀已有一首詩歌，歌頌耶穌降卑之路。保羅把這首詩歌放進他給腓立比人的書信中，向他們論述這人生階梯的降卑方向。他這樣寫道：

你們當以基督耶穌的心爲心：
祂本有神的形象，
不以自己與神同等
爲強奪的；

反倒虛己，
取了奴僕的形象，
成爲人的樣式；
既有人的樣子，
就自己卑微，存心順服，
以至於死，且死在十字架上。
（腓二5～8）

這裏簡潔而平白的詞藻所形容的，就是神愛的道路。這是一步一步往下走的道路，走到最匱乏的地步：罪犯最匱乏的地步莫過於被置諸死地。你或許在這一點上懷疑耶穌是否被虐狂，以尋求苦楚爲樂；恰恰相反，耶穌的福音是平安和喜樂的福音，不是自我鄙視或自我摧殘的。耶穌降卑的道路，是通往新的團契之路，讓我們人類能從中獲得新生命，並一同歡欣地彼此祝賀。

耶穌降卑的道路怎樣能夠衍生新的羣體，並且是基於愛的羣體？最重要的是你要從內心了解這件事，以致你有一種渴望以這種降卑的途徑來跟隨耶穌。

你也知道，我只間或才回來荷蘭，所以這裏的改變，比我在這裏長期生活更令我印象深刻。我特別留意一件事情：漸進的繁榮，並沒有使人彼此更爲友善。他們富裕了，但新積纍的財富並沒有帶來新的一體感。我得的印象是，人們愈來愈只關心自己，彼此一起的時間較他們尚未富有的時候更少。他們有更多競爭、更多嫉妒、更爲不安，也更多憂慮。輕鬆、閒時相聚和享受生命中小事物的機會更少。成功已隔離了許多許多人，也使他們感到孤單。有些時候，人與人的相遇，像只能在通往其他人和事的路上發生的一樣。

那裏總是有更重要、更迫切、更有影響的事情。那些平凡的、簡單的、微不足道和家常的事情，必須讓路給你眞正應該做的事：那齣你應該要看的電影、那個你一定要遊覽的地方、這件或那件你必須出席的盛事。你愈在成功的階梯往上爬，便愈難與人一起相聚、一起歌唱、一起禱告和在感恩的精神下一起慶祝生命。

正如在其他繁盛的國家一樣，在荷蘭有這麼多人感到孤單、失落和憂慮，並且從來沒有眞正感到快樂，這豈是出奇的嗎？間或我有這樣的感覺：在成功的覆蓋下，許多人是淌著淚入睡的。而隱藏在許多心靈底下的問題，可能就是愛的問題。「誰人眞正關心我？不爲我的金錢、我的聯繫、我的名聲或知名度，而單單關心我？哪裏我才眞正感到有歸宿、安全和被珍愛？哪裏我才能暢所欲言、隨心所想，而不須憂慮因此會失去愛？哪裏我才是眞正的安全？哪裏才有一些人讓我可以流露眞我，不須顧慮給他們留下的印象？

當我訪問南美洲的玻利維亞和祕魯兩國時，我認識了一羣貧窮人。我和柏保、蘇菲亞和他們的孩子柏比、瑪利亞和莊尼住了兩個多月。他們的房子又濕又暗，他們的食物不足，像樣的衣服也買不起，好的學校距離太遠，而好工作普遍來說都找不到。然而——我在那裏學到了甚麼是喜樂和感恩。我在那房子內學會大笑，甚至幾乎笑破肚皮。我在那裏學會如何與人接近，如何享受愉快時光；在那小屋子裏，我學會了愛的新功課。

當那次訪問行程完結後，我重返北美與我的學生見面，並再次感受到他們對未來的焦慮、內裏灰心的程度和自毀性的抑鬱；我要再次向自己詢問，爲甚麼神用耶穌降卑的方法來向我們彰顯祂的愛。我愈想深一層，就愈察覺耶穌在下面的說話意指甚麼：「有許多在前的，將要在後；在後的，將要在前。」（可十31）我甚至擔心，恐怕我和事業成功人士一樣，在最後失卻了我最渴望的愛和感情。爲此我決定尋求另一種途徑，所以我結果來到特魯斯里這裏，希望與隱藏在貧窮中的愛靠近一些。

在福音書裏，耶穌明顯地選取了降卑的道路。祂不只一次這樣選擇，而是一次又一次的，在每一個重要關頭，祂都選取降卑的道路。即使在十二歲時，祂已在聖殿裏一面聽教師的教導，一面問他們；祂和雙親住在被人輕視的小鎮拿撒勒，直到三十歲的時候，並且服從他們。縱使耶穌沒有犯罪，祂還是自願與罪人同等，在開始公開傳道的時候，祂在約但河邊受施洗約翰的洗禮。縱使祂擁有神聖的力量，祂相信把石頭變餅、尋求知名度和在地上被列爲最偉大的人，都是試探。

一次又一次地，你看到耶穌怎樣選擇那些微不足道的、隱藏的和貧窮的事，並因而拒絕運用影響力。祂很多的神蹟，都是用來表達祂對受苦的人類那種深厚的憐憫心腸；祂從不以此企圖吸引人到自己那處。祂甚至禁止那些祂治愈的人談及醫治的事，這已成爲一個規則了。當耶穌的生命不斷地展開，祂逐漸曉得，祂被呼召是要去以受苦和死亡完成祂的召命。這整件事情我們都明明的知道，神藉著一步一步的降卑，深入人類的脆弱處，是定意向世界顯明祂的愛。在耶穌生活與死亡的四卷記述裏，你可以清楚地看見，祂對天父賦予祂的使命愈清晰，便愈明白到，這使命會使祂愈來愈悲慘。祂受差遣，不但是要安慰貧窮人，並且自己要成爲他們中的一人來安慰他們。成爲貧窮，不單意味著放棄房屋和家庭，無處可枕首，以及越發受逼害；這還意指與朋友、成功，甚至對神同在的知覺分離。當耶穌最後被掛在十字架上，並大聲喊叫：「我的神，我的神，爲甚麼離棄我？」（太二十七46）那時我們才明白，神彰顯祂的愛給我們，是到了甚麼程度。因爲那時耶穌不單到了最悲慘的地步，也同時彰顯了神最崇高的愛。

這裏我們面對一大奧祕，只可用靜默的禱告才能理解。若你嘗試分析它，你只會落入令人可笑的荒謬中，若一個人能避免這事發生，誰願判決自己受折磨和受死？耶穌被捕的時候，祂說：「你想我不能求我父，現在為我差遣十二營多天使來麼？」（太二十六53）但祂並沒有這樣做，因為神並不以我們的方法表明愛。

神的道路只可以藉禱告掌握。你愈多聆聽神在你裏面對你話說，你便愈快聽見聲音，邀請你追隨耶穌的道路。因為耶穌的道路就是神的道路；而神的道路不單為耶穌，也是給每一個眞正尋找神的人的。這裏我們遇到很難接受的事實，耶穌降卑的道路，也就是我們得以尋找神的道路。耶穌從不猶疑地表示這事。祂結束在曠野的禁食期，呼召第一批跟隨祂的門徒時，祂說：

心靈貧乏的人有福啊！……
哀慟的人有福啊！……
柔和的人有福啊！……
飢渴慕義的人有福啊！……

憐恤的人有福啊！……
心裏潔淨的人有福啊！……
締造和平的人有福啊！……
爲著義受逼迫的人有福啊！……
（太五3～8，呂振中譯本）

耶穌在這裏描繪一幅自畫象，並邀請祂的門徒像祂一樣。祂會繼續不斷這樣說下去，直至終局。耶穌永不分別祂和祂的跟隨者。祂的哀愁就是他們的哀愁；他們也將嘗到祂的喜悅。祂說：「他們若逼迫了我，也要逼迫你們；若遵守了我的話，也要遵守你們的話。」（約十五20）祂說甚麼，他們也要說甚麼；祂舉止怎樣，他們也要怎樣舉止；祂受苦，他們也要受苦。在一切的事上，耶穌是他們的榜樣；甚至更進一步，是他們的模範。在耶穌向天父最後的偉大禱告中，祂爲祂的門徒祈禱：「……他們不屬世界，正如我不屬世界一樣。……

祢怎樣差我到世上，我也照樣差他們到世上。」（約十七 14 ～ 18）

在最後的事件中，耶穌表明了，正如天父差遣祂一樣，感動祂差遣門徒的是愛。耶穌對門徒的愛，就如天父對祂的愛一樣；這愛既使耶穌與天父合而爲一，也使門徒與耶穌合而爲一。所以，在門徒中繼續作工的，乃是耶穌祂自己。正如這愛在耶穌降卑的道路上顯明，也會在我們降卑的道路上顯明。

當我寫這些給你時，我意識到要表達福音的豐盛，是多麼的困難。我眞的想寫及耶穌的每一句說話，因爲祂一次又一次地藉不同的方式向我們呈現那降卑道路的偉大奧祕。這是受苦的道路，也是通往醫治的道路。這是羞辱的道路，也是通往復活的道路。這是流淚的道路，卻是從悲哭化爲歡欣之淚。這是隱藏的道路，但也是通向照遍世人的光明之路。這是逼害、壓制、殉道和死亡的道路，但也是神的愛完全彰顯的道路。在約翰福音中，耶穌說：「摩西在曠野怎樣舉蛇，人子也必照樣被舉起來。」（約三14）你可看見在這些話裏，耶穌降卑的道路如何成爲上升的道路。耶穌所說的「被舉起來」，是指祂在極度受辱景況中在十字架上被舉起，同時也在完全榮耀的光輝下從死裏復活過來。

那愛的降卑道路，那通往貧窮、破碎和受壓制者的道路，成爲愛的上升道路，通往喜樂、平安和新生命。十字架從失敗的記號轉化爲勝利的記號，從絕望的記號轉化爲希望的記號，從死亡的記號轉化爲生命的記號。

每次我看到十字架，便思想這個奥祕。試想像有一個人在他的客廳內放置一副絞刑臺，爲此而感欣喜。你定必說他患了神經病。但對於我們來說，行刑的工具十字架，已成爲釋放的記號。神自己使降卑的道路化成光榮的道路。只有在你自己的禱告和服事生活中，預備體會這些時，你才會領略神愛的奧祕。

你可能疑惑，怎樣效法耶穌才能找到那條降卑的道路。這是一個十分個人和切身的問題，我想最終除了你自己以外，沒有人能夠作答。這並不單是放棄你的金錢、財產、學識、朋友或家庭那回事。對某些人來說，的確會是這樣的意思，但只因他們個人感到蒙召選取這條道路。我們每一個人，都要找出他或她自己愛的降卑道路。這需要許多的禱告、忍耐和導引。這完全與屬靈的英雄事迹沾不上關係，彷彿要突然間拋棄一切來「跟隨」耶穌似的。降卑的道路，隱藏在每一顆心靈內。因它甚少有人踏足過，便常常雜草叢生。我們慢慢地也肯定的要清除野草，開墾那道路，並無畏地踏步前進。

對我來說，這除草的過程常常與祈禱有關。因為祈禱是騰出時間給神，即使你正為某些重要事情而忙碌不堪。每次你騰出時間給神，你便把這降卑的道路清理了一點，你也看見在愛的道路上你所能踏足之地。沒有壯觀或激動的事將會發生，可能單單是你所說的話和所讀的文章、你所說話的人、你消磨一個下午的地方，或是你對自己和他人的觀感。令人鼓舞的是，第一步每每使第二步輕鬆一點。你開始發現愛衍生出愛，並且一步一步趨前在走向神的道路上。漸漸地，你擺脫對愛的道路的顧慮；你明白到「愛裏沒有懼怕」（約壹四18），並且感到你自己被吸引，愈行愈深，走在這耶穌曾在你前面行過的降卑的道路。

這使我返回聖餐典禮了。在我前一封信中，我曾寫過有關聖餐典禮。我想在這裏再寫，因爲聖餐是愛的聖禮，讓我們藉此在心裏找出耶穌降卑的道路。耶穌自己說：「我是天上給你的活糧，任何人吃了必得永恆生命。」你在這裏看見耶穌的降卑道路，可以成爲你自己的道路。每當你吃這天上的糧，你不單與耶穌聯繫得更緊密，而且你也漸漸學會如何與祂一起，走這降卑的道路。

耶穌十分想將祂自己賜予我們，以致祂成了我們的糧。無論何時我們吃這糧，我們便產生一種渴望，將自己也給予他人。我們在聖餐典禮中遇到的自我犧牲的愛，是眞實基督徒羣體的源頭。保羅淸楚闡述耶穌降卑的道路，作爲我們羣體生活的模範。他說：「……你們就要意念相同，愛心相同，有一樣的心思，有一樣的意念，使我的喜樂可以滿足。凡事不可結黨，不可貪圖虛浮的榮耀，只要存心謙卑，各人看別人比自己强，各人不要單顧自己的事，也要顧別人的事。」（腓二2～4）

這心態使耶穌降卑的道路具體而形象化地表現出來，祂「不以自己與神同等爲强奪的，反倒虛己，取了奴僕的形象。」（腓二6～7）這就是聖餐典禮的心思。每當我們吃耶穌的身體，喝祂的血，我們便參與了祂降卑的道路，其中競爭和敵對已讓路給神的愛。

若你自己十分認眞地尋求獨特的途徑，一定要依此而跟隨耶穌，我懇求你不要單靠自己，乃要在慶祝聖餐的羣體內尋求。我越發肯定，耶穌的道路是不可在這羣體以外尋求的；其中的人相信耶穌，並藉一同圍繞聖餐桌來表明他們的信仰。聖餐典禮是成爲教會 (being-the-church) 的核心和重心。沒有它，便沒有神的子民；沒有信仰的羣體，也沒有教會。事情常常是這樣的，你所看見的那些放棄教會的人，在信靠耶穌方面亦有困難。當你想一想教會是聖餐的羣體，耶穌藉以爲我們付出了祂的身體和血，作爲禮物，從天而降，也助我們在自己的生命中找到愛的道路。

這也是結束這一封信的時候了。我希望已能使耶穌和你靠近一些。在特魯斯里這裏，我們常常談及耶穌。每天晚上，弱智人士的羣體和他們的護理員走在一起，共同慶祝聖餐。接著湯默仕 (Père Thomas) 便講一篇頗長的道理，往往是不易明白的。每日如是，每個人都十分留心聽，甚至是那些不能明白半點的弱智人士。但這些貧窮人感到他們十分投入。他們帶著感情和深深的信靠，望著這位被聖靈充滿的老神父，好像他們十分明白他說甚麼，即使他們很難跟隨他的思路。然後當他們都領受了耶穌的身體和血，他們眼裏便充滿喜樂。他們感到享有成爲神的子民的特權，並迅速地表達他們的感激。

在未來數月，你若能到來住數天，我會十分高興。我願意介紹我結交的朋友給你認識，讓你看看殘疾人士和他們的護理員每一天的生活。這可能會是使你感受到神的愛的最佳方法。無論怎樣，考慮一下。

為家中的每一位獻上愛。

下次續談

Henri Nouwen

盧雲

書信五

耶穌：慈愛的神

一九八六年四月二日（禮拜三）

親愛的馬克：

我開始寫信給你時，大齋期已經開始了。我本想可以每週給你一封信，可惜我在特魯斯里有太多事要辦，以致我未能實行這美意。我給你寫有關耶穌降卑的道路，共用了五個禮拜才能寫完。此際復活節又臨近了，使我察覺自己是多麼受禮儀節期的影響！

在大齋期間，我那麼受耶穌降卑至死的道路所感動，以致我不能寫別的東西。但現在每日經課講及耶穌已經勝過死亡，我注意到自己也用不同角度思想耶穌，同時也想以另一種方式和你談論祂。我現在看耶穌，較多在祂榮耀的身分，而我的思想也多圍繞作祂門徒的喜樂。禮儀年曆的每部分，都令我們從不同的角度去看耶穌。

上月在菲律賓發生的事，使我再重新驚覺一件事實，耶穌已到來征服死亡。當我寫第二封書信給你時，報章載滿菲律賓大選的消息。那時我深信，那使馬可斯總統 (President Marcos) 仍然執掌權力的大規模選舉舞弊，結果必然會導致流血的內戰。現在已過了數週，科拉桑 (Cory Aquino) 當了總統，並且不須訴諸武力而獲得權力。對我來說，這是一件充滿希望的事件，一個清晰的記號，即是非暴力勝過獨裁是有可能的。

我有不同的朋友，他們一直密切地注意著菲律賓近期發生的事件，我得悉這次可說是一場屬靈的勝戰。事實上所發生的事，包含的不單是伺機而行的成功政治策略。過去多年，基督徒、主教、神職人員和當地的政治領袖，已經開始熟習非暴力的實踐。「修和團體」(Fellowship of Reconciliation) 的成員舉辦一些退修會，目的是教導人民怎樣依靠愛的力量，並以此來打倒獨裁統治。耶穌直指非暴力重點的說話已眾所周知。讓我寫給你看看：

你們的仇敵要愛他，
　　恨你們的要待他好；
　　咒詛你們的要為他祝福；
　　凌辱你們的要為他禱告。
有人打你這邊的臉，連那邊的臉也由他打；
　　有人奪你的外衣，連裏衣也由他拿去。
凡求你的，就給他；
　　有人奪你的東西去，不用再要回來。
你們願意人怎樣待你們，你們也要怎樣待人。
……
你們倒要愛仇敵，也要善待他們，
　　並要借給人不指望償還。

（路六 27 ~ 31、35）

這些說話表達的，不只是非暴力抗爭的精粹，也是耶穌講道的重心。若有人問你，福音中最激烈的說話是甚麼，你可以毫不猶疑地回答：「愛你的仇敵。」這些說話向我們最清晰地表達了，耶穌宣講的愛是那種愛。在這些說話中，我們也最明確的知道作耶穌門徒的意思。愛仇敵是作基督徒的試金石。

科拉桑在她的國家中對抗獨裁的鬬爭，是基於對仇敵的愛。在她宣布自己爲總統候選人之前，她爲了對手馬可斯整夜禱告。她曉得仇恨只帶來暴力。菲律賓的主教和神職人員都支持她，並呼籲全國實行非暴力抗爭。當馬可斯下令他的坦克車輾壓反對者，士兵拒絕輾過那些正在祈禱的羣衆。神父們穿著白長袍和聖帶走向士兵，擁抱他們，並邀請他們放下武器，與人民一起爲和平及修和禱告。

現在科拉桑自己已成爲總統，問題便是她會否在適當的地位中，以愛仇敵爲她政府的基礎。有很多不同的勢力圍繞她，致使她的任務十分艱巨。無論情況如何，我們在菲律賓看到很多人以爲是不可能的事：以充滿愛的方法對抗仇敵，並藉此逃過一場流血的內戰。

我已詳盡地論述了菲律賓的形勢，因爲這有助我具體地寫愛仇敵。你也知道，我希望透過這些書信，讓你認識耶穌更多。我已描寫祂爲神所差遣的那一位，降生成人讓我們看到神的愛。在這封信裏，我想說些有關這神性和人性的愛的本質。我們人類用「愛」這字表達很多意思，故此當提及神的愛時，很容易產生混淆。我想耶穌對愛我們的仇敵的命令，仍然是上佳的起點，讓我們進深了解神愛的奧祕。

你可以說神的愛最重要的是，神愛我們不因爲我們做任何事來賺取這愛，而是因爲神在絕對的自由中決定愛我們。乍看之下，這似乎不太具啓發性；但你若深入反省，這思想可以大大地影響和支配你一生。我們易於以交換物品來看我們的一生，亦即是禮尚往來。我們一開始便這樣假設，若我們好好地對待別人，他們也會好好的看待我們；若我們幫他們，他們必定幫我們；若我們邀請他們，他們也會邀請我們；若我們愛他們，他們也會愛我們。所以，深植在我們內裏的信念是，被愛這回事一定是要賺回來的。在我們現實和功利的時代，這個信念變得愈來愈强。我們很難想像無功受祿。每一樣東西都是要賺取的，即使是一句仁慈的說話、一片感激、一點感情的表示。

我想埋伏在許多焦慮、不安和激動背後的，就是這種心態。我們好像永遠都要這樣忙碌著，嘗試互相證明，我們是值得愛的。我們內在隱伏的疑惑驅使我們作更偉大的行動。這樣我們嘗試避免失敗，也避免在逐漸的自尊失落中消失得無形。尋求認可、仰慕、知名度和名譽的頑固習性，壓根兒就是恐怕沒有這些東西我們便沒有價值。這可以說是將愛「商業化」。所有的東西都不是白白得來的，

愛也不例外。

這樣的結果是一種影響我們生活的心態，好像我們作爲人類的價值，全憑別人怎樣看我們。我們讓別人決定我們是誰。若別人認爲我們良善，我們便想自己是善良的；若別人覺得我們聰明，我們便認爲自己是聰明的；若別人認爲我們是虔誠的，我們自己也是這樣想。另一方面，若我們被藐視，我們立即想我們一定是可鄙的；若我們被人取笑，我們便立即想自己必定是可笑的；若我們被忽視，我們很快便總結出自己是不值得受注意的。故此我們將我們是誰這個最切身的問題，也交付身邊衆說紛紜的意見。如此，我們實在是把靈魂賣給了世界。我們在自己家裏也不是主人了，我們的朋友和敵人決定我們是誰，我們也成爲他們或好或壞的意見的玩物。

在這種愛的事情上面，我們甚至可以進一步說，有些頗爲不同的東西出了差錯。愛不單成爲情感交易檯，也變得暴力性。我們現在可以說是暴力的愛。我會多一些展現耶穌說：「愛你的仇敵」這句話，是如何的具啓發性。我們的自信心愈受抑制，我們便愈需要安慰。我們的自卑感使我們對愛的象徵和代用品更加渴求。這個世界有這麼多自覺寂寞、隔絕和被遺棄的人，對愛的渴求便經常變得愈來愈「不合人性」。人們要求彼此都能夠付出更多。當孤獨、自卑感成爲人們渴求被愛的主要來源，這渴求很容易會帶來暴力。這樣便好像一個人對另一人說：「愛我吧，好讓我不再寂寞；愛我吧，好使我至少再信任自己多一點。」

然而悲慘的是，我們人類並不能解除彼此的孤寂和自卑。我們人類並沒有能力舒緩彼此最極端的困局。我們可以滿足彼此最深切渴求的能力是這麼有限，一次又一次地，我們落在令彼此失落的危險中。雖然如此，有些時候我們的渴求是那麼的强烈，以致對彼此間的限制視而不見，便在受蒙蔽之下去勒索愛心，即使理智告訴我們彼此是不能給予絕對、無限、無條件的愛的。愛就這樣成爲暴力性了。親吻這時便變成狂噬，懷抱變成揮拳，寬恕的眼神變成懷疑的目光，傾聽變成竊聽，摯誠的降服變成侵害。愛和暴力的界線常常被逾越，在這個充滿焦慮的時代，使我們對愛心的渴求轉爲暴力的行徑，是那麼的輕而易舉。

當我環顧自己的四周，看見在人際關係中多樣的暴力形態，我常常有一種觀感：無論何處都散布著只求被愛的人，只是他們找不到其他方法向他人或自己表達這渴求，惟有訴諸暴力。我偶爾也認爲，充塞在監獄中的人，都是不能用其他方法表達被愛的需要的，就只有憤怒地掠奪他人的財物和傷害其他人。與此同時，我們許多的精神病院，也充塞著一些人，他們充滿羞辱和罪咎感，用另一種方法表達同樣的需要，就是殘害自己。無論我們用暴力對待自己或其他人，我們心裏所渴求的，不過是非暴力、和平的契合，使我們感到安全和被愛。但我們又可在哪裏找到這非暴力的愛？

在我剛才描述的暴力的愛，我希望你已經察覺到你自己和周圍人的一些東西。若是這樣的話，你會更加明白，耶穌說到愛的時候是甚麼意思。耶穌是神對我們人類無止息、無條件的愛之啟示。耶穌所說、所做和經歷的一切，都是表示給我們知道：我們最渴望的愛，神已經給了我們，並不因爲我們佩得，乃是因爲神是一位愛的神。

耶穌來到我們中間，要讓我們看見神性的愛，並把這愛賜給我們。在祂與尼哥底母的對話中，祂說：「神愛世人，甚至將祂的獨生子賜給他們……神差祂的兒子降世，不是要定世人的罪，乃是要叫世人因祂得救。」（約三 16 ～ 17 ）這些說話已總括了道成肉身的意思。神成爲人——即是「與我們同在的神」——是要讓我們知道，我們急切渴求的認可和我們中間的暴力，都是源自對神的愛缺乏信心。若我們對神無條件的愛有堅決的信心，便不須要經常尋求被人仰慕的方法；我們也不再那麼需要用暴力向人索求，那神願意豐豐富富地賜給我們的愛。

耶穌降卑的道路，縱然是痛苦的，卻是最徹底的嘗試，要說服我們接受祂實在賜予我們一切所渴求的東西。祂要求我們對那愛有信心。「信心」這詞常被解釋爲接受你所不明白的東西。人們常說：「這些不可能解釋的事，你只管相信便行。」然而耶穌談及信心時，祂首先要說明的，是你要毫無保留地相信你是被愛的，以致你可放下一切獲取愛的錯誤方法。所以耶穌告訴尼哥底母，藉著相信神降卑的愛，我們已從焦慮和暴力中釋放出來，也會找到永恆的生命，這裏的問題就是要相信神的愛。希臘文的信心一字是 *pistis*，字面意思是「信靠」。每次耶穌對醫好了的病人說：「你的信救了你」，祂是說他們已找到新生命，因爲他們完全信靠祂所彰顯的神的愛，並已順服下來。

信靠神無條件的愛，就是耶穌呼召我們的道路。你愈緊緊的掌握這點，你便愈能夠理解爲甚麼世界上有這麼多懷疑、嫉妒、苦毒、報復、怨恨、暴力和不協調的地方。耶穌自己的解釋，是將神的愛比作光。祂說：

光來到世間，
世人因自己的行爲是惡的，
不愛光倒愛黑暗，
定他們的罪就在此。
凡作惡的
便恨光，並不來就光，
恐怕他的行爲受責備。
但行眞理的
必來就光，
要顯明他所行的是靠神而行。

（約三 19 ～ 21）

耶穌把這世界中的罪惡看爲對神的愛失去信心。祂使我們看見我們恆常依靠自己，依賴自己多於靠神，並性好愛自己多於愛神。所以我們便留在黑暗裏。若我們行在光明中，我們便能夠在喜樂和感恩中承認，世間眞、善、美的事物都是從神而來，也是祂在愛中賜給我們的。

若你開始看到這點，你便明白耶穌的說話「愛你的仇敵」爲甚麼是福音書中最重要眞理的其中之一。這些說話引導我們進入愛的中心。愛若一直是以其人之道還治其人之身，我們便不能愛仇敵。我們的仇敵是那些拒絕將愛給我們，令我們生活困苦的人。我們自然地會恨惡他們，也只愛那些愛我們的人。

耶穌卻不會從事這些以物換物的交易。祂說：

> 你們若單愛那愛你們的人，有甚麼可酬謝的呢？就是罪人也愛那愛他們的人。你們

> 若善待那善待你們的人，有甚麼可酬謝的呢？就是罪人也是這樣行。你們若借給人，指望從他收回，有甚麼可酬謝的呢？就是罪人也借給罪人，要如數收回。
>
> （路六 32～34）

耶穌顯示給我們的眞愛，是從神而來的，不分是友是敵，不分與我們一伙還是敵對的，不分幫助過我們的還是害過我們的。神沒有這樣分辨人。祂愛所有人，好與壞都同樣無條件地愛他們。這種無所不包的愛，是耶穌賜予我們的，並且祂要我們在生命中彰顯出來。

若我們的愛，像神的愛一樣，包容敵人和朋友，我們便是神的兒女，不再是懷疑、嫉妒、暴力、戰爭和死亡的兒女。我們對敵人的愛顯示我們究竟屬誰。這顯示我們眞正的歸宿。耶穌明明的這樣說：「你們倒要愛仇敵，也要善待他們，並要借

給人不指望償還。你們的賞賜就必大了，你們也必作至高者的兒子，因爲祂恩待那忘恩的和作惡的。」（路六35）

那你明白了：神的愛是無條件的愛，只有這愛才能使我們得力，和睦地一同生活。當我們知道神愛我們這麼深，不計較我們是誰，不計較我們所作的，祂仍然繼續愛我們；我們便可以不再期望我們的男女同胞付出超過他們能給予的。他們冒犯我們的時候，我們也可以寬容地原諒他們，並常常以愛回應他們的敵意。我們這樣做，便讓人看見一種新的做人方式，和一種對應世界問題的新方法。

阿奎諾夫人科拉桑深深明白對馬可斯總統的怨恨不能爲菲律賓帶來和平；馬丁・路德・金(Martin Luther King)了解憎恨白人不能帶來美國人之間的眞正平等；甘地(Gandhi)明白憎恨英國人不能帶來印度眞正的獨立。一個沒有殺戮和屠殺的新世界，決不是怨恨的結果。只有你們的天父「叫日頭照好人，也照歹人，降雨給義人，也給不義的人」（太五45），祂的愛才能結成這樣的果子。這是神的愛的果子，是我們有限的人要在生命中彰顯的，如耶穌的說話：「你們要完全，像你們的天父一樣。」（太五48）

每當我們與世界的仇恨相反，愛我們的仇敵，我們便顯出一些神完全的愛；祂的旨意是凝聚所有的人類，成為一位父的兒女。無論何時，當我們不再針鋒相對而互相寬恕；不再互相詛咒而是彼此祝福；不再加深別人痛楚而是彼此包紮傷口；不再令對方氣餒而是互相激勵；不再使人絕望而是彼此帶來希望；不再彼此煩擾而是互相擁抱；不再冷漠相對而是互相歡迎；不再互相批評而是彼此道謝；不再互相詆譭而是互相稱許……簡言之，每當我們選擇彼此相愛而不是相爭，我們便顯出神無條件的愛，我們便減少暴力，誕生一個新的羣體。

我希望你感覺到，我們現已接觸到福音的核心了。耶穌挑戰我們，要轉入一個全新的方向。祂要求悔改，即是說，一種內裏完全的轉變，一種轉化。這不是一樁易事，好像祂的說話所印證的：「引到永生，那門是窄的，路是小的，找著的人也少。」（太七 14）我們內裏每一部分都像排斥這條道路。但……每次當我們踏上數步，便能察覺有些新事物在我們裏面發生了，我們更有再踏前一步的欲望。如此，一步復一步，我們步近神的心，就是無歧視、寬恕的、無窮盡的愛心。特別當你單獨面對的時候，這看來好像是十分高層次的東西。你常常告訴我，你的同學在你講及耶穌時的冷嘲熱諷反應。沒有你朋友的支持，尋求通往神的心的路途當然是相當困難的。所以你要問自己你想與誰一起尋求，這是十分重要的。你需要一個羣體，即使只是小小的一個。對於我來說，我有一兩個朋友可以分享我的屬靈經歷，他們給了我相當多的支持。向一些對你不懷好意或冷漠的人敞開你自己，實際上當然是不可能的事。眞正的柔弱，只有在共同尋求神的羣體中，才會有豐盛的成果的。故此，你其中一件重要的任務，是去找一些朋友，他們是願意和你在這悔改的路上同行的。

現在你仍然要採取一些具體的步驟，以致你能達到這樣的悔改。

在這封信裏，我只限自己寫一些關於祈禱和聖餐禮的思想。若你想學習神的愛，你必定首先以爲仇敵祈禱開始。這並不如所說的那麼容易。爲人祈禱，需要爲他人的最好設想。至於一個誹謗你的同學；找到另一個比你更具「魅力」的人的女孩子；那個常常要你爲他處理麻煩瑣碎小事的「朋友」；或是那個盡力要得到你的職位的同事，若要爲他們祈禱，這可非易事。若你每一次祈禱，眞正的爲你的仇敵祈禱的話，你會發覺你的心改變一新。在你的禱告中，你很快發現到你的仇敵，其實是你的人類同胞，神也像愛你一樣愛他。結果是，你想出來的在「他和我」、「我們和他們」、「我們的和他們的」之間的垣牆，便消失盡然。你的心懷更闊更深，能接納更多更多的人，就是那些在神的愛中住滿全球的人。

我發覺沒有比爲仇敵祈禱更爲具體的做法。這使你認清一個鐵一般的事實，在神眼中，你沒有比別人更佩或更不佩得神的愛。這樣使你明白，你和其他人類間存在著深厚的團結關係。這使你產生一種胸懷抱世的憐憫，也令你的心逐漸不受壓制和暴力的衝動所約束。你也會很高興地發現，那些你曾懇切及眞誠地爲之祈禱的人，不再使你懷恨了。你會發現你與他們說話或談到他們時，不會像以前一樣；並且你誠心的想好好地對待那些曾冒犯你的人。

我要結束了，我想返回聖餐典禮這問題上。在聖餐禮中，神的愛被最具體地展現。耶穌不單成爲人，祂也成爲餅和酒，以致我們吃了及喝了，神的愛便成爲我們的愛。聖餐的極大奧祕是，神給我們的愛不是抽象的，而是具體的；神的愛不是理論，乃是我們日常生活的食糧。聖餐開拓了一條道路，讓我們將神的愛化爲我們自己的愛。耶穌淸楚地對我們說明這些：

……我的肉眞是可吃的，
我的血眞是可喝的。
吃我肉喝我血的人，
常在我裏面，
我也常在他裏面。
永活的父怎樣差我來，
我又因父活著，
照樣，吃我肉的人，也要因我活著。
（約六 55～57）

每次你在聖餐禮中領受了耶穌的身體和血，祂的愛便給了你，也就是十字架上彰顯的同一的愛。

神這樣的愛，是賜予任何時代和地方、任何宗教和信念、任何種族和階層、任何部落和國家，以及任何罪人和聖人的。

耶穌在十字架上表現給我們知道，神的愛是何等的偉大。這愛甚至包容那釘祂十字架的人。當耶穌被釘懸掛在十字架上，完全破碎了，也被剝奪一切，祂還爲祂的行刑者祈禱：「父啊，赦免他們，因爲他們所作的，他們不曉得。」（路二十三34）耶穌愛祂的仇敵，是沒有盡頭的。祂甚至爲將祂置諸死地的人祈禱。這就是神愛仇敵的愛，在聖餐中賜給我們。赦免我們的仇敵並不是我們能力可及的，這是神的恩賜。所以聖餐成爲你生命的中心，是那麼重要。那裏你可以接受這愛，使你有能力走耶穌在你前面走過的道路：一條窄路、苦路；但也能給你眞正喜樂和平安，使你將神非暴力的愛彰顯於世。

我開始這封信時討論菲律賓所發生的事。對馬可斯總統獨裁統治的非暴力抗爭，確實給我留下深刻的印象，也激發起我給你寫有關耶穌教訓的中心，就是愛仇敵。菲律賓的事件是例外，因爲我在總結這信時，報章又滿載美軍空襲利比亞的消息。卡達菲總統(Gaddaffi)的恐怖活動引來美國使用武力回應。一方面的暴力能引致對方以暴力回應。現在每個人都恐怕暴力會像油瀉在水上般擴散出去。這是無盡的怨恨和報復。即使那些支配權力的人繼續想他們是以暴制暴，但一次又一次的事件卻證實那相反的事實。暴力總是衍生暴力的。阿奎諾夫人的非暴力抗爭卻不被仿效，這仍然是例外，然而卻是希望的標記。

我誠懇的祈求，你會緊緊地抓著這些希望的小小標記，不讓你自己被那些不斷依賴暴力者的噪音和喧譁聲所誘惑走上歧途。耶穌的道路不是不證自明的，但卻是挽救這世界脫離毀滅和通往生命的惟一道路。讓我們誠心盼望和祈求，我們可以有這勇氣和信心跟隨耶穌的道路到底。

請代熱切問候你的父母、菲狄及蘭莉。

摯愛您的，下次續談

Henri Nouwen

盧雲

書信六

耶穌：隱藏的神

一九八六年四月十八日（禮拜五）

親愛的馬克：

這封信是從法國的里昂 (Lyons) 南邊、羅納河 (the Rhône) 東邊、德龍省 (Drome) 的一個小村落加洛爾新堡 (Châteauneuf de Galaure) 寄給你的。我也驚奇有機會處身這地方。我來法國前，從未聽聞加洛爾新堡這地方，但現在來法國已八個多月，這地方已成爲世界上對我最重要的地方之一了。這樣對你來說可能有點誇張，我希望你看完這封信便會明白。

我在特魯斯里的第一個月，便不斷聽到一個人的名字，是我完全不認識的：羅冰 (Marthe Robin)。當有些人告訴我他或她是如何的深深信靠耶穌，我便每每聽到這些說話：「是羅冰引領我走正路的。」我也發現，她的名字和法國一些新的屬靈運動有關。每當我想進一步認識法國屬靈神學的發展，我便聽到羅冰的名字。

你可以想像，我是愈來愈好奇了。我開始看有關她的書籍，也問其他人有關她的更多資料。有一天我一個在特魯斯里的朋友莫妮嘉(Thérèse Monique)對我說：「羅冰在加洛爾新堡出生、生活，也死在那裏。如果你想發掘她一生深一層的影響，你應該往那裏去住上一週。我兩個好朋友伯納德(Bernard)和克洛玲(Claudine)居住的地方接近加洛爾新堡，他們會十分樂意給你提供食宿，我也十分樂意駕車送你到那裏去。」她果然言出必行。

現在是四月十八日一個禮拜五，自上一個主日我已和伯納德和克洛玲一起。這整個禮拜中我都有時間和機會發掘羅冰的一生，同時也明白為甚麼她由開始到如今都影響著法國人的屬靈生命，甚至也影響法國以外的地方。

我希望告訴你有關她的一些事，不單是碰巧我在這裏，而是因爲我一向都想向你寫一些有關耶穌作爲隱藏的神的東西。我想你還未能參透神在耶穌裏啓示的奧祕，直至你驚覺一事：耶穌一生大部分都是隱藏的，而對大多數人而言，祂的「公開」歲月仍然是看不見的。當這個世界所堅持的是出風頭，擁有名譽、聲望和最高的曝光率時，神卻寧願暗地裏作工。你必須讓神的隱瞞、匿名的奧祕沈藏在你的意識裏，恐怕你仍會錯誤地了解它。從神的眼光看來，最要緊的事絕少是公開進行的。神仍維持我們這個暴虐和殺人的世界，並繼續給我們悔改的新機會，理由可能我們仍不明白。當我們集中注意那些貴賓和他們在和平會議及示威遊行等活動時，其實是那些默默無聞的人在默默祈禱和作工，才使神救我們免致滅亡。我每每想，我能繼續忠於作基督徒和神父的呼召，是必須要感謝那些我終生也未必認識的人的禱告和付出。也許最偉大的聖徒們仍是默默無聞的！

羅冰是神在我們世界中隱藏臨在的最深刻例證之一。她生於一九〇二年，十六歲的時候，她得了一場大病，醫生也找不到病因，病況更愈來愈差。她逐漸但肯定地知道，神呼召她過的一生，是與耶穌的受苦有著特別關連的。當她二十三歲時，她寫了一篇「放棄的行動」(act of abandonment)。那裏她奉獻一切給愛的神：記憶、理性、意願、有各種感官的身體、有各種天賦的思想、有各種感覺的心靈。她寫道：「我靈魂所愛的！我永遠毫無保留的屬於祢。只有祢是我所要的，我捨棄一切，爲要得著祢。」(Raymond Peyret, *Marthe Robin,* New York: Alba House, 1983, p.39.)

當她二十六歲，她的雙腿變得完全癱瘓，很快又到她的雙臂了。由那時開始，她不吃不喝也不睡。自一九二八年至她一九八一年去世期間，她除了在每週的聖餐以外，從沒進食。我起初聽到此

事，就像聽虔誠的神仙故事一樣。但我現在已跟很多親身認識羅冰的人談過，我才明白神可以在人身上作成大事，遠超過我們這些小信的人所能接受的。羅冰的完全「禁戒」，是耶穌表達對她的愛衆多方法之一。

一九三〇年九月，耶穌向羅冰顯現，問她：「你願像我一樣嗎？」她說：「願意。」很快她的手、腳和肋旁便得到耶穌的傷口。她也得到荊棘冠冕。從那時起，一週又一週地過去，羅冰也開始完全進入耶穌的受難中。她和耶穌一起的受苦，是那麼的劇烈，血滴從她眼睛流下來，頭上出現看不見的荊棘所做成的傷痕。

每個週五她是那麼完全投入耶穌的死亡中，只在週末才甦醒過來；跟著至禮拜天或禮拜一，她還是筋疲力竭。多年過去了，她受苦卻越發加深。起初，她**與**耶穌一同受苦，但漸漸地她**成爲**受苦的耶穌。一位知名的法國哲學家吉蒂 (Jean Guitton) 曾數度探望她，聽到她說：

> 開始的時候，我在異象中看到人羣站在耶穌走到各各他山的路旁。但現在我走得更遠了，現在佔據我的是受難，惟獨耶穌的受難。我不知怎樣解釋……這樣的事情是多麼的難受，若不是神支持著你，恐怕你要死了。但這卻是崇高的。(Jean Guitton, *Portrait de Marthe Robin,* Paris: Grasset, 1985, p.199.)

我把這些事告訴你，不是爲了將它與一些怪誕、黑暗和不可思議的事相連；而是向你說明，在我們這個互相敵對的世界中，有些人暗地裏進入了耶穌爲世界的緣故而受的苦難中。這樣的事，可追溯至十三世紀的聖法蘭西斯，在我們這世代亦有羅冰。

羅冰經歷耶穌受苦五十一年之久的房間，我已到過幾次，且在那裏祈禱。許多認識她的人說，大概從來沒有人這樣直接和完全地在他們的身體中活出耶穌的受苦和死亡。再次我走進這小房間，我體會到一些至今在別處找不到的東西：這世界不能給予的平安，與受苦無衝突的喜樂，使眞自由可行的完全降服，以及由神而來的愛，但我們這些人仍是懵然不知的。在那裏我相當具體地發現生命到底是甚麼；也明白當我要傳遞神的愛時所要付出的是甚麼。這就是喜樂與十字架從不分離的生命，是不尋求影響力、權勢、成功和聲望的生命，卻相信神暗地裏作工，也祕密地叫一些新事物發生起來。這是制欲的生命，即是說要脫去以往的舊生命，我們才可以結出新果子來。

許多人於羅冰在生時找她，想得到她的意見和忠告。她會用完全簡單質樸的說話，並常常加上風趣幽默，和他們侃侃而談。她卻甚少談到自己。她的關懷和憐憫，常是向訪客生發的。甚至那些訪客來問她任何問題以先，她已明白是甚麼事了，這種情況並不希奇。她間或給予清晰的指引，間或只是問些問題，但到訪的人在離開她的小房間時，每每深感到內在的平安。

法國教會的更新很大的程度上是由羅冰開始的，我想這樣說並不誇張：她奉神的名，要求她的屬靈導師開設新的基督教學校和興建退修中心；她强調教會中平信徒的重要性；她啓發了神職人員創立一些新的宗教團體；她並且幫助人決定要結婚還是要進入修院。沒有她，法國不可想像有宗教生活的更新和深化。她在一九八一年二月六日逝世後，她的影響越發加深。耶穌說：「一粒麥子不落在地裏死了，仍舊是一粒；若是死了，就結出許多子粒來。」（約十二24）只有現在，羅冰死後，她一生的全部意義才顯明出來。

每次我看到那法國的小農莊，想到羅冰在那裏度過每一天，且跟年復一年照顧她的兩個老婦傾談，她們甚至現今仍歡迎人們往那小房間祈禱，我便想起耶穌的說話：「父啊！天地的主，我感謝祢，因爲祢將這些事向聰明通達人就藏起來，向嬰孩就顯出來。」（路十21）當最恐怖的事情在歐洲發生，當兩次世界大戰揭露了罪惡邪惡的一面，耶穌卻向一位脆弱的法國鄉郊女子展示祂對人類深不可測的愛。

你在這裏所看到耶穌的一方面，是我們會輕易地忘記的。耶穌就是隱藏的神，祂在十分困苦的情況下，在一羣微小和受壓制的人中間降生成人。祂受自己國土的統治者蔑視，並在兩個罪犯中間受屈而死。

耶穌一生沒有甚麼突出，一點也不！你看到耶穌施行的神蹟，便發現祂不是爲了出風頭而醫病或使人復興起來的。祂每每禁止他們談及這些。祂的復活也是一件隱藏的事件。只有祂的門徒和一些生前十分親近祂的男女，才看見這位復活的主。

今天基督教已成爲世界主要宗教之一，每天數以百萬的人念著耶穌的名，我們很難相信耶穌在隱密處彰顯神。但耶穌的一生、死亡和復活，都不是叫我們爲神的大能而驚異的。神已成爲卑微、隱藏和差不多看不見的神。

無論耶穌的福音在那裏結果子，我們都遇到這種隱藏。這些事經常使我驚愕。那些遍布歷史的偉大基督徒都是尋求隱蔽的卑下人士。聖本篤 (Benedict) 隱居蘇比亞科谷 (Subiaco)，聖法蘭西斯在亞西西 (Assisi) 外的卡薩里 (Carceri) 中，聖依納爵 (Ignatius) 在曼雷薩 (Manresa) 的巖穴中，小德蘭在里殊的迦密 (Thérèse in Carmel of Lisieux)。每當你聽到聖人的名字，你都感到一種對這種隱藏、隱居的深切渴求。我們是這麼的善忘，但連保羅也在開始傳道的旅程前，往曠野退隱兩年之久。

與耶穌有眞正個人接觸的人的即時反應，不是站在房頂上四處呼喊，而是隱藏在神的臨在中。你要知道可能神在這世界中大部分的作爲，都是在不知不覺間進行的，這對你十分重要。這時代有些人已是廣爲人知的偉大聖徒或具影響力的基督徒：加爾各答的德蘭修女 (Mother Teresa in Calcutta)、薩爾瓦多的羅梅羅主教 (Bishop Romero in El Salvador)、意大利的比奧神父 (Padre Pio) 和紐約的戴怡 (Dorothy Day)；然而神在我們歷史中最偉大的作爲仍可以是完全不爲人知的，那奧祕是這個愛出風頭的世代所難以掌握的。我們慣常這樣想，愈多人認識和談及的東西便愈重要。這是可以理解的，想想這事實：大有惡名經常表示賺大錢，賺大錢即是有大權，有大權便很易產生有重要性的假象。在我們的社會裏，統計數字常常決定甚麼是重要的：最暢銷長壽唱片、最受歡迎書籍、最富有的人、最高的建築物、最昂貴的汽車。隨著廣告的龐然增加，眞正重要的其實在暗地裏發生的這事實，已幾乎不能令人相信了。

然而，我們實在已有一些暗示。人的生命在母腹的隱藏中開始，而最決定性的經驗是在家庭的隱密處生發的。幼苗在土壤埋藏下茁壯成長；雀蛋在雀巢的隱蔽中孵育。像創造力一樣，親密的關係也要隱蔽的。我們直覺地知道，以微妙、易損和質樸的美感動我們的每一事物，只能忍受少許的公開曝光。大衆傳播媒介將創造力和親密關係誇大給衆人的結果便是明證。在隱藏中珍貴和神聖的東西，當被傳播媒介肆意地暴露給大衆，便常常變得低賤和鄙俗。大肆宣傳將所展露的劃一化、痲木，並常常使其窒息。

很多偉大的頭腦和心靈，因爲太早或太急促地曝光於大衆，便失去了他們的創造力。我們知道，也感覺到，但我們卻輕易忘記，因爲我們的世界持續地宣傳一個大話：「默默無聞即不受愛護。」如果你已預備信賴你的直覺，而保留一點對現今宣傳技倆的審慎懷疑態度，你便愈能察覺神隱藏的臨在。在我們尋求知名度的世界，很多有關神的討論也以此爲起點，就是神也應該要自我證明一番，這種論調一次又一次的使我震驚。人們常說：「若你的神眞的存在，這樣爲甚麼祂不把祂的全能力量，在我們這個混亂的世界中更加顯明？」像從前一樣，神被人叫出來要解釋，並在嘲弄下，只是一次的，要證明祂眞的存在。此外，你又常常聽到有人說：「我根本不需要神，我可以好好地照顧自己。事實上我也從不需要神來解決我的問題！」在這種說話中顯明的憤懣和諷刺，表明了所要求的：神至少應注意一下祂自己的知名度。人們常常談論神，好像神也如我們一般需要別人認可似的。

現在看看把神彰顯給我們的耶穌。你見到的是，祂最想避免的一件事就是任何方式的知名度。祂恆常地指出，神是在隱祕中彰顯祂自己的。聽來十分似非而是的，但接受這個弔詭的道理，並讓我冒昧地說，進入這種弔詭中，能帶你走上屬靈生命的道路。

有了耶穌隱藏的啓示的這些思想，你現在可以開始在靈性上邁進嗎？我想你能，因爲耶穌在隱祕中彰顯祂自己給你認識，這眞理需要你開始在退隱中尋找祂。是**祂的**隱祕、**祂的**隱藏邀請你進入你自己的隱祕中。

這裏我們又再返回我們自己心裏的奧祕中。我們的心是我們成爲人的中心。那裏是我們的深思、直覺、情緒和決定的源頭，但那裏也是我們與自己最疏離的地方。我們對自己的心所知甚少。我們保持一段距離，好像十分怕它似的。最親密的關係也是最令我們害怕的。那裏我們的眞我盡露，我們亦常對自己陌生。這就是我們做人最痛苦的部分。我們不認識自己隱藏的中心，所以我們或生或死，經常都不知道自己眞正是誰。若我們問自己爲甚麼這樣或那樣思想、感覺和行動，我們總是沒有答案的，這便證明我們是自己家裏的稀客。

屬靈生命的奧祕是，耶穌渴望在我們自己的心靈隔絕中與我們相遇，在那裏讓我們知道祂的愛，使我們脫離恐懼，也讓我們知道最深處的自我。所以在我們內心的隱祕處，我們不單可以學習認識耶穌，也藉著祂認識我們自己。若你再多反省一點，你會看到向你顯明的神的愛，和你對自我認識的持續加增之間，有一種相互的關係。每次你讓神的愛進一步滲透你內心，你的焦慮便少一點；你每次卸下一點焦慮，便學會認識自己更多，亦深切渴望被慈愛的神所認識。

所以，你愈學會愛神，便愈學會認識和珍視你自己。自我認識和自愛，是認識神和愛神的結果。你可以看得更清楚，最大的誡命「盡心、盡性、盡意、盡力愛主你的神和愛人如己」有甚麼含義。完全敞開我們的心向神，便使我們自愛，自愛令我們可以全心全意地愛我們的人類同胞。在我們內心的隔絕中，我們學會認識神隱祕的同在；擁有這種屬靈的知識，我們便可以過愛別人的生活。

然而這些所有的，都需要操練。屬靈生命需要內心的操練。操練是耶穌門徒的記號。但這不表示要給你自己難擔的擔子，而是騰出內在的空間，讓神可以用轉化一切的愛來接觸你。我們人類的心是這麼的昏暗，以致讓一個空間空著便帶來許多煩惱。我們寧願用意念、計劃、責任、工作和活動來充塞個滿滿的。

現在愈來愈令我驚訝的是，人們受强烈的壓力到了甚麼地步。他們好像是奔跑於一件又一件的緊急事情之間。永不能獨個兒，永不靜止，永不擁有眞正的自由，卻常常爲一些不能等候的事情忙碌。你得到的印象是，在這狂亂的擾攘中，我們與生命本身失去聯絡。我們曾有忙碌的經驗，但似乎沒有眞正的事發生。我們愈激動，我們的生命愈緊迫，讓神使新事物生發的空間便愈難保存了。

內心的操練有助我們讓神進入我們心內，使我們的整個人在最極度的深幽處認識神。這是不容易做到的事，我們喜歡在自己的家裏做主人，不想承認我們的家其實亦是神的家。神想在我們眞正活著的地方與我們在一起，藉著祂的愛，在那裏向我們展示成爲整全人類的道路。神的愛是一種要求高，甚至是嫉妒的愛；而當我們讓這種愛在我們裏面說話，我們便被帶領至一處不願意去的地方。

然而我們知道，每一個讓神的愛進入他或她內心的人，不單成爲一個更好的人，且有相當的貢獻來締造一個更美好的世界。衆聖徒的生命已證明給我們看了。所以我這樣說：你要在內心預留空間給神，並讓神珍愛你。在那裏你可與神獨處；在那裏以心傳心；在那裏神聖的隱蔽中，新人會在你裏面誕生。耶穌對尼哥底母說：「人若不重生，就不能見神的國。」（約三3）當你敢於與神獨處，這重生便能發生。重生在最深的隱密處發生，但其影響卻遠至天涯海角。哪裏神的心和你的心相通，那裏一切就都變成新的了。

在這信中我也想再次談一談聖餐典禮；因聖餐是神的隱藏性最超卓的聖禮。有甚麼比吃一塊餅和啜一口酒更平凡？有甚麼比下面的說話更簡單：「拿來吃，拿來喝，這是我的身體和血……這樣做爲的是記念我」？

我經常和朋友圍著一張小桌站著，拿起餅和酒並說出耶穌離開門徒時講過的話。毫不矯飾、毫不壯觀、沒有人羣聚集、沒有激動的歌曲，也沒有甚麼形式。只有少數人吃著一片餅和喝著一點酒，餅抵不上一頓飯而酒解不上一點渴。然則……在這樣的隱祕裏，復活的基督在這裏，神的愛也彰顯出來。正如神在隱祕中成爲人，神也在隱祕中成爲我們的飲食。任何人能毫不著意地忽視的東西，實際上可以是我們人類中間發生的最偉大事件。

我在法國的方舟團體逗留期間，我始發覺神在聖餐典禮中的隱祕和在屬神的人中的隱藏，兩者有

著多麼大的關連。

我仍然記得德蘭修女有一次對我說，你若不能在聖餐禮中見到神，便不能在窮乏人中看到祂。那時，這句話似乎對我來說有點誇張和過於虔誠。但現在我和殘疾人士相處一年，我開始明白她的意思。若你不能在從上而來的餅那隱藏的眞象中見到神，你便眞的不能在人羣中看到祂。在人類中，你可以看到各種的人和事物：天使和魔鬼、聖人和蠻人、善良的心靈和暴虐的惡霸。無論如何，只有當你從個人經歷中體會耶穌如何的看顧你，祂如何的想成爲你每日的靈糧，這樣你才學會看其他人的內心爲耶穌的住處。當你的心在聖餐禮中被耶穌的臨在感動了，你才會有一眼光，使你可以認出祂在別人心中同樣臨在。以心傳心，耶穌在我的心，與在我男女同胞心中的耶穌互相呼應。這是我們成爲聖餐禮其中一部分的奧祕。

我們想看見果效，最好是即時的。但神在隱祕處以祂的神聖忍耐作工。參與聖餐典禮，你便逐漸明白這些。這樣你的心，便開始向在你周圍的人中受苦的神，更加開放。

我開始寫這信時談及羅冰。超過五十年的時間，她的食物就只有每週的聖餐餅。耶穌誠然是她的全部生命，因此她便能教導她的訪客如何在他們的心中發現耶穌。對他們其中許多人來說，這種發現是徹底屬靈轉化的開始。

當我們透過個人的體驗，認識神實在住在我們裏面，我們便像耶穌自己一樣，施行神蹟並改變這地球的面貌。不是藉著尋求知名度，而是藉著在我們和其他男女同胞生命的隱蔽中心裏，不斷尋找耶穌。

親愛的馬克，我希望在這信裏，我能夠引導你更接近耶穌這隱藏的神。我要就此擱筆。在我下一封，亦是最後一封信中，我想提供一些生活性的建議給你，使你每一天所過的常常並將永遠都是以耶

穌爲中心的生活。

向你父母、菲狄和蘭莉致親切的問候。

你親愛的

盧雲

書信七

聆聽耶穌

一九八六年九月十八日（禮拜四）

親愛的馬克：

我開始寫這些有關屬靈生命的書信給你，已是七個月前的事了。首三封信我在西德寫給你，後來那三封信就在法國寄出。那時間彷彿遙遠和悠長。

我在八月中旬往加拿大多倫多鄰近的方舟團體「黎明之家」生活和工作。這早上，我將給你的信由頭至尾看一回，我發覺我寫這些書信可能是爲你也爲了我自己。我在歐洲的一年，其實是尋索我生命新方向的一個階段。我有一個不清晰的念頭，就是耶穌呼召我離開大學，要走到弱智人士中與他們一起生活。我和范尼雲的相遇，和我在特魯斯里的方舟團體生活，使我驚覺一些再不能忽略的新事物。最急切的問題是：「我眞的緊緊跟隨耶穌嗎？」

在我的書信中，我嘗試帶你更接近耶穌。而我現在也發覺我同時在「利用」這些書信認識耶穌更深，因而更能聽到跟隨祂的邀請。我想這些信對我倆有共同的目的，這是好事，因爲只有用觸動我心靈的信息，才能觸動你的心靈。

在我第一封信，我說過只寫一些我自己親身體會和經歷過的。在這最後一封信中，我誠然告訴你，我所寫的一切，完全是發自我自己對神的尋索。我希望這對你會是幫助而不是攔阻。我最大的願望是喚醒在你裏面對耶穌的深愛。我曾告訴你有關帶來釋放的耶穌；有關受苦的耶穌和祂的憐憫；有關在卑微中選取降卑之路的耶穌；有關那位挑戰我們甚至要愛仇敵的慈愛耶穌；以及最後那位啓示神的隱藏性奧祕的拿撒勒人耶穌。你所看到的是我以福音書的結束做開始，以福音書的起首做結束。我這樣做，是想貼近教會宣講的信息，這信息以信仰復活主的角度，來了解神道成肉身和救贖的奧祕。

在寫作的期間，我發覺自己有很大的傾向去「俗化」耶穌。我本能地爲低廉的解放，爲個人問題的解決方法，爲我渴望達到成功的幫助，爲向對手報復，以及爲相當的風頭而向耶穌求助。我們常不易用福音書所表達的看耶穌；以祂爲呼召我們得靈性自由的主，分擔我們的苦難，展示我們那降卑的道路，挑戰我們愛仇敵，以及隱密地將神的愛啓示我們。然而，每次我瞥見那眞實的耶穌一眼，我便感到一種嶄新的內在平安；我也再次可以認出祂的聲音並跟隨而行。

因此我可以告訴你，這些書信幫助了我認識眞正的耶穌，也加强我的決定，要到加拿大在弱智人士那裏與他們生活和工作。

屬靈生命是生活在耶穌靈裏的生命。我曾說聖餐禮是這種生命的中心。耶穌絕對不單是一位在今天仍給我們啓發的重要歷史人物。在聖餐禮中，祂把我們從約束和壓制中釋放出來，將我們的受苦與祂的結合，在易受傷害的共性中建立聯繫，把甚至能赦免仇敵的愛賜給我們，以及讓我們在內心的隱蔽處看到神。哪裏有聖餐禮，那裏耶穌便眞實臨在，那裏教會也就是一個身體，甚至現在，那裏我們也眞正的分享永生。

你和我都同被呼召做耶穌的門徒。相對我們共同的呼召，我們在年齡、環境，成長和經歷上的差異並不重要。最要緊的是，隨時留意神愛呼喚我們遵守的聲音，就是用專注的心聽從。

這世界盡量分散我們注意力，吸引我們注視似乎更緊急的事情，我們身處其中，又怎樣能維持傾聽這聲音？在這最後一封信，我希望提供三種對我已證明是最有效的聆聽方式，作爲給你的總結。

首先，聆聽教會。這個世代和國家常常視教會爲「障礙」而不是通往耶穌的「道路」，這決不會

是受歡迎的建議。縱然如此，我深切的相信我們這時代最大的屬靈危機，是將耶穌由教會分出來。教會是主的身體，沒有耶穌，就沒有教會；沒有教會，我們就不能說與耶穌結合。我從未遇過有放棄教會而更接近耶穌的人。聆聽教會就是聆聽教會的主。這特別是指參與教會的禮儀生活。將臨節、聖誕節、大齋節、復活節、升天節和五旬節；這些節期和節日教你認識耶穌更深更多，也使祂在教會中賜給你的神性生命，與你有更密切的聯繫。

聖餐禮是教會生活的中心。在其中，你聽到賜生命的福音，和接受維持你內在生命的恩賜。你繼續聆聽教會的最佳確據，就是你按時參與聖餐典禮。

第二，是聆聽書籍。我指的是讀聖經，讀有關聖經、屬靈生命和「偉大」聖徒生平的書籍。我知道你讀了很多書，但也許你讀的書，許多都擾亂你的注意力，使你離開耶穌指引你的道路。中學和大學沒有給你提供些「屬靈閱讀」。故此你要恆常閱讀對你屬靈生命有益的書籍，對你是十分重要的。很多人偶然或刻意地讀了屬靈的作品，便被引到神的面前。奥古斯丁、聖依納爵、梅頓和其他很多人曾透過書籍而悔改。可是，祕訣不在於利用一本「屬靈」的書籍作爲有趣資料的來源，而是好像有一種聲音向你說話般聆聽它。讓一段文字「讀」你，並不容易。你對知識和資料的渴求，常常令你有掌握文字 (the word) 的欲望；而不是讓文字控制你。縱然如此，「道」(the Word) 力求進入你內心，你若細心聆聽這道，必得益最大。

最後，是聆聽你的心。這是耶穌與你最親密說話的地方。祈禱首先是聆聽住在你內心最深處的耶穌。祂並不大聲呼喊，也不會向你那邊衝過來。祂的聲音是謙和的聲音，近乎微聲細語，是溫柔慈愛的聲音。無論你怎樣過你一生，要繼續在你內心聆聽耶穌的聲音。這樣聆聽必須要十分主動和留意，因為在我們不安和嘈雜的世界中，神的慈愛聲很容易被掩蓋了。你需要每天預留一些時間，主動地聆聽神，若有十分鐘就好了。每天單單給耶穌十分鐘，便能為你生命帶來徹底的改變。

你會發現要一下子靜下來十分鐘，是一件不容易的事。你會立即發覺很多其他聲音，十分嘈雜和紛擾，不是從神而來的，要分散你的注意力。但你若堅持每天祈禱的時間，這樣慢慢地，你必會開始聽到溫柔慈愛的聲音，並會愈來愈渴望傾聽。

這三種聆聽的方式，會引導你在屬靈生命上愈加進深。它們會助你親密地認識耶穌，使你覺察祂呼召你的獨特方法，並給你勇氣跟隨祂去甚至不願意到的地方。與耶穌同活是一次偉大的探險，這是愛的歷程。當你讓耶穌進入你內心，一切都不能預料，但一切都變成可能。我祈求你會冒生命之險與耶穌一起。祂要求你所有一切的，但卻給你更多回報。我衷心的願你有無盡盼望、無比的勇氣和無盡的信心。

摯誠祝福你的父母、菲狄及蘭莉。

你摯愛的

Henri Nouwen

盧雲

作者簡介

盧雲(Henri J.M. Nouwen)

原籍荷蘭，著名靈修及牧養神學作家，曾於美國聖母院大學、耶魯大學及哈佛大學之神學院任教多年。一九八五年離開哈佛大學，在法國特魯斯里的「方舟團體」(L'Arche Community)生活，等候及尋索未來的「召命」。終於受「方舟團體」在加拿大多倫多市以北的「黎明之家」(Daybreak)邀請，自一九八六年起為其牧者，服事家中的弱智人士及職員，直至一九九六年九月安息主懷止。其作品包括《羅馬城的小丑戲》、《心應心》、《始於寧謐處》、《念》、《親愛主，牽我手》、《奉耶穌的名》、《與祢同行》、《鏡外》、《新造的人》、《生命中的耶穌》、《愛中契合》、《黎明路上》、《建立生命的職事》、《負傷的治療者》、《亞當》、《活出有愛的生命》及《盧雲眼中的梅頓》等。

盧▪雲▪著▪作▪一▪覽▪表

Intimacy: Essays in Pastoral Psychology (1969)
《愛中契合》香港：基道，一九九四。

Creative Ministry (1971)
《建立生命的職事》香港：基道，一九九六。

With Open Hands (1972)
《親愛主，牽我手》香港：基道，一九九一。

Thomas Merton: Contemplative Critic (1972)
《盧雲眼中的梅頓》香港：基道，一九九九。

The Wounded Healer (1972)
《負傷的治療者》香港：基道，一九九八。

Aging: The Fulfillment of Life
(With Walter Gaffney, 1974)
《生命的頂尖》香港：文藝，一九八〇。
《流金歲月》（新版）香港：文藝，二〇〇九。

Out of Solitude (1974)
《始於寧謐處》香港：基道，一九九一。

Reaching Out (1975)
《從幻想到祈禱》香港：公教，一九八七。

Genesee Diary (1976)

The Living Reminder (1977)

Clowning in Rome (1979)
《羅馬城的小丑戲》香港：基道，一九九〇。

In Memoriam (1980)
《別了，母親》香港：基道，一九九〇。
《念：別了母親後》（重譯本）香港：基道，二〇〇〇。

The Way of the Heart (1981)

Making All Things New (1981)
《新造的人》香港：基道，一九九二。

A Cry for Mercy (1981)
《頌主慈恩》香港：公教，一九八五。

Compassion (With D. McNeil and D. Morrison, 1982)

A Letter of Consolation (1982)
《慰父書》台灣；光啟出版社。

Gracias! A Latin American Journal (1983)

Love in a Fearful Land (1985)

In the House of the Lord/Lifesigns (1986)

Behold the Beauty of the Lord (1987)

Letters to Marc about Jesus (1988)
《生命中的耶穌》香港：基道，一九九三。

Circles of Love: Daily Readings with Henri J.M. Nouwen (1988)
《愛的漩渦：與盧雲默觀》香港：公教，一九九五。

The Road to Daybreak: A Spiritual Journey (1989)
《黎明路上》香港：基道，一九九五。

Heart Speaks to Heart (1989)
《心應心》香港：基道，一九九一。

Beyond the Mirror (1990)
《鏡外》香港：基道，一九九二。

In the Name of Jesus (1990)
《奉耶穌的名》香港：基道，一九九二。

Walk with Jesus (1990)
《與祢同行》香港：基道，一九九二。

The Return of the Prodigal Son (1992)
《**浪子回頭**》台灣：校園，一九九七。

Life of the Beloved (1992)
《**活出有愛的生命**》香港：基道，一九九九。

Show Me the Way (1992)

Jesus and Mary: Finding Our Sacred Center (1993)

Our Greatest Gift: A Meditation on Dying and Caring (1994)

Here and Now: Living in the Spirit (1994)
《**念茲在茲**》台灣：光啟，二〇〇〇。

With Burning Hearts: A Meditation on Eucharistic Life (1994)
《**熾熱的心**》台灣：光啟，二〇〇一。

The Path of Freedom (1995)

The Path of Power (1995)

The Path of Waiting (1995)

The Path of Peace (1995)

Can You Drink the Cup? (1996)
《**你能飲這杯嗎？**》台灣：上智，一九九九。

The Inner Voice of Love: A Journey through Anguish to Freedom (1996)
《**心靈愛語**》香港：卓越，一九九七。

Bread for the Journey: A Daybook of Wisdom and Faith (1997)
《**心靈麵包**》台灣：校園，一 九九九。

Adam: God's Beloved (1997)
《**亞當——神的愛子**》香港：基道，一九九九。

Sabbatical Journey: The Final Year (1997)
《安息日誌——秋之旅》香港：基道，二〇〇二。
《安息日誌——冬之旅》香港：基道，二〇〇三。
《安息日誌——春夏之旅》香港：基道，二〇〇三。

The Road to Peace (1998)
《和平路上》香港：基道，二〇〇二。

Finding My Way Home (2001)
《尋找回家路》香港：基道，二〇〇四。

Turn My Mourning into Dancing (2004)
《化哀傷為舞蹈》香港：基督徒學生福音團契，二〇〇四。

Encounters with Merton: Spiritual Reflections (2004)
《遇見牟敦》台灣：光啟，二〇〇七。

Peacework: Prayer, Resistance, Community (2005)
《和平篇章》香港：基道，二〇〇七。

Selfless Way of Christ: Downward Mobility and the Spiritual Life (2011)
《向下的移動》台灣：校園，二〇一二。

Discernment: Reading the signs of Daily Life (2013)
《靈心明辨》香港：基道，二〇一五。

緊扣時代 服事教會

以文字傳揚基督真道

讀者意見表

衷心多謝你購買本社書籍。本社一直致力以出版事工服事教會，幫助信徒扎根於神的話語，促進靈命增長。為使我們的出版更能滿足你的需要，請填寫下列各項資料，並寄回或傳真予本社。

所購書籍：____________________

本書最吸引你的地方：

☐作者 ☐適切性 ☐文筆 ☐設計 ☐實用性

☐其他：____________________

購買本書地點：

☐基道書樓 ☐基督教書店 ☐非基督教書店

性別：☐男 ☐女 職業：____________________

信仰：☐基督徒 ☐非基督徒

年齡：☐ 16 歲或以下 ☐ 17～25 歲 ☐ 26～35 歲 ☐ 36～55 歲 ☐ 56 歲或以上

學歷：☐中三或以下 ☐中五 ☐預科 ☐大學 ☐研究院

☐我欲更多了解基道出版社的事工及考慮支持，請寄給我下列資料：

☐機構簡介 ☐新書資料 ☐基道會員通訊

☐《基道文字事工通訊》

姓名：____________________電話：____________________

地址：____________________

____

傳真：____________________ 電子郵件：____________________

其他意見：____________________

____

多謝賜教！

意見表可以傳真（2687-0281）或直接郵寄以下地址：
香港沙田火炭坳背灣街26號富騰工業中心1011室
基道出版社編輯部收